Joseph Bongango

Découvrons les Mongo à travers les trois écrits de Joseph Bongango

Joseph Bongango

Découvrons les Mongo à travers les trois écrits de Joseph Bongango

L'aîné Mongo est une bibliothèque

Éditions Croix du Salut

Impressum / Mentions légales

Bibliografische Information der Deutschen Nationalbibliothek: Die Deutsche Nationalbibliothek verzeichnet diese Publikation in der Deutschen Nationalbibliografie; detaillierte bibliografische Daten sind im Internet über http://dnb.d-nb.de abrufbar.
Alle in diesem Buch genannten Marken und Produktnamen unterliegen warenzeichen-, marken- oder patentrechtlichem Schutz bzw. sind Warenzeichen oder eingetragene Warenzeichen der jeweiligen Inhaber. Die Wiedergabe von Marken, Produktnamen, Gebrauchsnamen, Handelsnamen, Warenbezeichnungen u.s.w. in diesem Werk berechtigt auch ohne besondere Kennzeichnung nicht zu der Annahme, dass solche Namen im Sinne der Warenzeichen- und Markenschutzgesetzgebung als frei zu betrachten wären und daher von jedermann benutzt werden dürften.

Information bibliographique publiée par la Deutsche Nationalbibliothek: La Deutsche Nationalbibliothek inscrit cette publication à la Deutsche Nationalbibliografie; des données bibliographiques détaillées sont disponibles sur internet à l'adresse http://dnb.d-nb.de.
Toutes marques et noms de produits mentionnés dans ce livre demeurent sous la protection des marques, des marques déposées et des brevets, et sont des marques ou des marques déposées de leurs détenteurs respectifs. L'utilisation des marques, noms de produits, noms communs, noms commerciaux, descriptions de produits, etc, même sans qu'ils soient mentionnés de façon particulière dans ce livre ne signifie en aucune façon que ces noms peuvent être utilisés sans restriction à l'égard de la législation pour la protection des marques et des marques déposées et pourraient donc être utilisés par quiconque.

Coverbild / Photo de couverture: www.ingimage.com

Verlag / Editeur:
Éditions Croix du Salut
ist ein Imprint der / est une marque déposée de
AV Akademikerverlag GmbH & Co. KG
Heinrich-Böcking-Str. 6-8, 66121 Saarbrücken, Deutschland / Allemagne
Email: info@editions-croix.com

Herstellung: siehe letzte Seite /
Impression: voir la dernière page
ISBN: 978-3-8416-9843-8

Copyright / Droit d'auteur © 2013 AV Akademikerverlag GmbH & Co. KG
Alle Rechte vorbehalten. / Tous droits réservés. Saarbrücken 2013

REMERCIEMENTS

Qu'il nous soit permis de manifester ici notre profonde gratitude envers les personnes qui ont contribué à la réalisation de ce travail.

Nous éprouvons une reconnaissance très particulière à nos parents, à certains membres de la famille et à ceux qui sont liés avec nous par les relations humaines.

Nos remerciements les plus profonds vont au comité de lecture de la maison d'éditions Persée, à l'Eglise des Disciples du Christ à Mbandaka/RDC, à l'université catholique de Kinshasa, au département de la traduction de la Bible de la Société Biblique du Congo et aux professeurs suivants : Joseph Ntendika konde, Vincent Mulago et Gérard Buakasa de l'université catholique de Kinshasa, qui, malgré leur emploi du temps très chargé, ont accepté la lecture de nos travaux ; leurs critiques constructives, leurs conseils et leurs encouragements nous ont été très utiles tout au long de cette recherche.

Merci de tout cœur à nos aînés : Georges Likoko Botsankoy, Pasteur Jean Ingoli, Dr. Harold W. Fedherau, Pius Imbata, Mgr Jean Bokeleale, Shalom Cochen, Joseph Emmanuel et ma petite sœur Marie-Jeanne Baende Inkimo, sans oublier mes chers enfants : Aminata Bolumbu, Henriette Ikewa, Fabien Likuwa, Chantal Kalamba, José-Emmanuel Bongango et Georgette Likoko.

Nous remercions sincèrement nos informateurs, le Directeur général et ses collaborateurs de la Bibliothèque nationale de Belgique pour l'attribution de bureau.

Enfin que tous ceux qui, de près ou de loin, nous ont aidés trouvent l'expression de notre profonde reconnaissance.

Joseph BONGANGO

INTRODUCTION

Cet ouvrage s'adresse à tous les Africains et ensuite à tout être humain.

Il examine les trois thèmes ci-après : le premier analyse brièvement la question de rapport entre la conscience morale universelle et la conscience chrétienne. Il précise que la conscience est innée, elle est présente chez tout être humain, ainsi elle est universelle. Mais les deux consciences ont donc beaucoup à collaborer qu'à s'opposer.

Le deuxième se focalise sur l'étude des Interdits des Mongo et la conscience morale. Ici, les Interdits sont des coutumes que les ancêtres nous ont léguées et notre devoir est de les observer rigoureusement. Les Mongo disent que leur conscience est tranquille si tous les membres de leur famille ou du clan respectent cet ordre.

Le troisième thème se consacre à l'étude de l'amour du prochain. Pas d'amour de Dieu sans l'amour du prochain : les deux préceptes sont liés et inséparables, c'est le même commandement.

Pour les Mongo, la charité est un secours obligatoire à tous les membres de la parenté biologique, par l'alliance, par le lien d'amitié et par le lien social.

Pour notre étude, cet amour doit s'exprimer dans nos actes, dans l'élabora-tion des projets qui cherchent à améliorer les conditions de vie, de la population : lutter contre : la misère, l'enfer, la pauvreté, les tracasseries, les désolations etc...

Le véritable amour doit se manifester dans ce genre d'actes que nous venons d'énumérer ci-dessus.

CHAPITRE I

LE RAPPORT ENTRE LA CONSCIENCE MORALE UNIVERSELLE

ET

LA CONSCIENCE CHRETIENNE

INTRODUCTION

La littérature tant sur la conscience morale universelle que sur la conscience chrétienne est très abondante. Signalons dès le départ que notre démarche est limitée en ce qui concerne le rapport entre ces deux consciences. La conscience appartient à l'expérience de tous les hommes, à toutes les époques.

Elle est influencée par la société et l'histoire. Elle est déterminée aussi par le lieu, et elle varie donc selon la société au sein de laquelle elle se constitue et s'exerce. Il suffit d'un simple survol de l'histoire pour se rendre compte du fait que la conscience ne réagit guère de la même manière. Prenons par exemple la Réforme : elle était bonne pour certains chrétiens, mais à un certain moment de l'histoire, des chrétiens se sont rendus compte que la séparation était mauvaise et qu'il fallait trouver des moyens de dépasser les séparations, créer des groupes et des organismes, entre autres le COE.

Cette conscience chrétienne a contribué à la réconciliation entre les Eglises, entre les différentes nations, surtout après la deuxième guerre mondiale, entre les pays de l'Est et de l'Ouest, le Nord et le Sud, les pauvres et les riches, etc…

Le Prof. Pieters, dans son cours d'Ethique intitulé « Conscience morale et Evangile » déclare que la conscience est une donnée fondamentale de la personne humaine. Posons-nous la question si un être était totalement incapable de distinguer entre le bien et le mal, serait-il possible de lui donner le qualificatif d'humain ? La conscience est présente chez tout être humain, païen ou chrétien, quel que soit l'effet du péché. Le péché n'efface pas la conscience. L'œuvre de la loi est gravée dans le cœur des païens et leur conscience en témoigne ainsi que leur pensée, qui tour à tour les accuse ou les défend. C'est dire que la conscience morale est universelle (1).

---

(1)Pieters, A ; Cours d'Ethique : Conscience morale et Evangile, p. 3, Année 1981-1982. Faculté de Théologie Protestante de Bruxelles, 40, Rue des Bollandistes, 1040 Bruxelles.

Avant d'entrer en matière, cette étude commencera par une courte introduction. Ainsi, elle sera répartie en quatre parties. La première partie s'intéressera à la définition et aux origines de la conscience morale. La deuxième partie se penchera sur l'universalisme de la conscience. La troisième étudiera la conscience chrétienne.

La dernière partie enfin présentera le rapport entre les deux consciences et une brève conclusion clôturera notre étude.

Essai de définition

Proposer une définition de la conscience morale, ce n'est pas une tâche facile. Nous essayerons cependant de le faire.

Selon Aubert, le terme général de conscience évoque l'idée de connaître avec, la connaissance d'un témoin qui constate et juge et cela à propos du contenu de savoir ou d'un fait connu et perçu comme tel, ou de la conscience purement psychologique, si cette connaissance porte sur la valeur d'une chose connue et surtout la valeur de l'acte personnel concernant cette chose. La conscience devient morale, il ne s'agit plus alors d'un sujet simplement conscient et connaissant, mais d'un sujet engageant sa personnalité et sa responsabilité.

Alors que dans le premier cas le sujet peut rester passif ou indifférent vis-à-vis de ce dont il est conscient, dans le second il se situe en totalité dans un choix libre qu'il estime vital pour lui, on perçoit à la suite d'actes de jugements de valeur (2).

Simon est du même avis que son prédécesseur, il définit la conscience, comme la présence de soi à soi-même, qui s'informe et ne s'engage pas, simple témoin qui constate, tandis que la conscience morale exprime des jugements de valeur ceux d'un juge qui apprécie. Nous reconnaissons que l'action que nous avons posée ou nous posons nous appartient et nous en sommes les auteurs (3).

---

(2) Aubert, J.M. ; Conscience morale et loi in Initiation à la pratique de la théologie, Tome IV, Ethique, Ed. du Cerf, Paris, 1983, p. 202.
(3) Simon, R. ; La conscience morale in Morale, 11ᵉ éd, Ed. Beauchesne et ses fils, Paris, 1961, pp. 216-217.

Le Senne ajoute qu'on entre dans la morale quand on approuve ou qu'on désapprouve un acte, quand on loue ou blâme un agent (4).

Lafon pour sa part, définira la conscience comme une intuition par laquelle l'homme éprouve d'une certaine manière et de façon immédiate ses propres états et ses propres actions au fur et à mesure qu'il les vit.

Cette définition recouvre la notion de conscience vécue. La conscience est dite spontanée lorsqu'elle se borne à la perception immédiate des choses ou d'une action du sujet. Elle est dite réfléchie quand elle suppose un retour de la conscience sur les choses perçues et une analyse de leur représentation en vue de la connaissance.
Elle est dite professionnelle lorsqu'elle est attachée aux devoirs relatifs à la profession.

Elle implique le respect du contrat de travail, l'obligation de bien faire son service. Elle est dite collective lorsqu'elle désigne le reflet de la morale commune c'est-à-dire pratiquée et surtout reconnue et professée dans le milieu social.

Elle est dite morale, répétons-le, lorsqu'elle permet de distinguer le bien et le mal et de porter des jugements de valeurs (5).

Quant à la conscience chrétienne, elle se définit comme le sentiment que nous avons du bien et du mal, c'est-à-dire notre obéissance ou notre rébellion à l'égard de la loi de Dieu. Notre devoir est de servir Dieu avec une conscience pure. Il est fait mention dans la Bible de trois états de la conscience :

1) L'état de corruption. La conscience demeure sciemment dans le péché et dédaigne les appels de Dieu. Ps. 10 : 4, JN 27 : 5, I Tim : 4, 2.
2) L'état d'égarement. La conscience faussée pratique le mal en croyant faire le bien (6). Job 27 : 5, Es 5 : 20, Ju 5 : 44, Rm 1 : 21-23.

---
(4)Le Senne, R. ; La conscience morale in Traité de Morale Générale, 5ᵉ éd, P.U.F., Paris, 1967, pp.307-374.
(5)Lafon, R. ; Vocabulaire de Psychopédagogie et de Psychiatrie de l'Enfant, P.U.F., Paris, 1979, pp. 218-219.
(6)Westphal, A. ; Dictionnaire Encyclopédique de la Bible, Ed. Je sers, Paris, 1932, p. 231.

3) L'état normal : la bonne conscience est celle que la foi éclaire et que l'amour anime. Là où la foi est reçue on peut parler de bonne conscience et de bonne conduite. Tout est lié, quand l'être humain est touché par la grâce de Dieu, tout est transformé, aussi bien son être intime, sa conscience, que sa conduite extérieure (7).

Contrairement aux propos invoqués plus haut, Lalande cité par Pieters dans son cours d'Ethique déclare que les définitions que nous avons proposées nous laissent dans l'incertitude. La conscience ne peut pas être définie, nous pouvons bien nous-même savoir parfaitement ce qu'est la conscience, mais nous ne pouvons pas sans confusion communiquer aux autres une définition de ce que nous saisissons clairement nous-même (8). Sillamy est de même avis que Pieters : il est difficile, voire même impossible, de définir la conscience, car elle est purement subjective (9).

Origines

Etymologie : le terme conscience apparaît d'une manière explicite pour la première fois dans les Ecrits de Paul. Ce mot qui vient du grec *ouv-oula* a un sens premier qui est clair : « savoir avec, savoir ensemble, savoir simultanément ». Il en est de même pour le latin « conscientia » : con-scire : avec + savoir, mais le sens du mot se complique déjà lorsqu'on demande « avec qui sait-on ensemble ? ». Deux réponses sont possibles :
1) Avec autrui
2) Avec soi-même.

---

(7)Quenon, G. ; Etude exégétique de la notion de conscience dans le Nouveau Testament, mémoire de licence en théologie, Faculté de Théologie Protestante de Bruxelles, 1984, pp. 132-133.
(8)Pieters, A. ; Cours d'Ethique, op. cit., p. 17.
(9)Sillamy, N. ; Dictionnaire Encyclopédique de Psychologie, Ed. Bordas, Paris, 1980, p. 264.

Littré cité par Pieters pense que la conscience est un acte ou un état dans lequel le sujet se connaît et se distingue de l'objet qu'il connaît, peu importe que cet objet lui soit extérieur ou soi lui-même (10).

Comme le grec et le latin, le français ne connaît qu'un seul mot : « cons-cience », les deux sens qui sont exprimés par le seul terme de conscience sont la conscience psychologique et la conscience morale. La conscience morale se dit en allemand « Gewissen », et en anglais « consciousness » (11).

Pour expliquer l'origine de la conscience morale, Briscout propose deux théories ici en présence : la théorie empirique et la théorie rationnelle. La première voit dans la conscience une acquisition de l'expérience, la seconde affirme qu'elle est une forme de la raison.

1) La théorie empirique est insoutenable sous quelque forme que ce soit, ancienne ou moderne, qu'elle se présente. L'association des idées, l'éducation et les institutions sociales peuvent sans doute à des degrés divers, affirmer et développer la

conscience morale mais elles sont absolument impuissantes à la produire, à la créer en nous.

2) Prenons un exemple : avant toute éducation, l'enfant qui a atteint l'âge de raison sait que tous les actes ne sont pas également bons, également mauvais, que désobéir à ses parents est mal, que leur obéir est bien, et que ce dernier acte doit être choisi de préférence au premier. Nous n'obéissons pas aux lois et aux institutions sociales les yeux fermés, mais notre moralité et notre mentalité existent déjà, nous sommes en état de juger, d'apprécier, d'accepter ou non, les coutumes, les croyances qui prétendent s'imposer à nous.

3) La conscience est essentielle à l'homme, elle lui est innée, elle est née en même temps que lui. Ajoutons que dans son exercice, la conscience morale est une faculté très complexe, qu'elle exige ou implique le concours de bien d'autres facultés.

---

(10)Pieters, A. ; op. cit., pp. 15-16.
(11)Pieters, A. ; Cours d'Ethique, op. cit., p.16.

Ses jugements sont souvent accompagnés de certains sentiments de joie ou de peine, de satisfaction intime ou de remords. Il est certain en outre que la législation civile et surtout l'éducation exerce une influence considérable sur la conscience, soit pour l'éclairer et la développer, soit pour la fausser.

Le sentiment, l'éducation, les institutions sociales etc... qui, nous l'avons déjà dit, sont impuissants à créer la conscience morale, contribuent à la former, ou si l'on préfère, coopèrent avec elle (12).

La réalité de la conscience n'est pas ignorée du paganisme pré-chrétien comme nous l'avons évoqué tout à l'heure.

A l'époque hellénistique, on reconnaissait dans l'âme humaine l'existence d'une morale personnelle qui dirige la conduite de chacun vers l'idéal de bien.

L'Ancien Testament, pour sa part : n'a pas de terme technique correspondant au *conscientia* latin, si l'on s'en réfère au vocabulaire et à la concordance, le terme de conscience y est absent, mais cette absence de vocable ne signifie aucunement absence de réalité, comme certains voulurent le faire croire. Le païen de l'antiquité de même que le juif sont du point de vue chrétien dénués de conscience morale. Si l'on parle de conscience dans l'Ancien Testament, il s'agit donc non pas de la conscience en tant que telle, mais bien plutôt de l'homme lui-même, dans sa totalité face à Dieu (13).

Dans le Nouveau Testament, le terme apparaîtra concrètement dans les Ecrits de Paul. Il est l'un des premiers apôtres à franchir les frontières juives et grecques, est confronté à un problème de langage et est fort imprégné par la religion et la philosophie grecque.

---

(12)Briscout, J. ; Dictionnaire pratique des connaissances religieuses, Tome 10ᵉ, Ed. Letouzey et Ané, 1925, pp. 453-456.
(13)Quenon, G. ; op. cit., pp. 12-13.

C'est ainsi qu'il utilisa le terme *conscientia* pour traduire certains concepts hébraïques propres au cœur, à l'esprit, à l'âme etc... Paul emploie un terme issu du langage populaire et véhiculé par la pensée philosophique grecque, et l'enrichit d'une double influence juive et chrétienne (14).

Synthèse

La conscience morale n'est en nous, ni un produit des conditions externes, ni même une expression de notre immanence proprement humaine, elle est une disposition d'origine divine, par laquelle l'homme est analogue à Dieu. Dieu est lui-même l'auteur de la conscience et il a confié cette réalité à tous les hommes, sans distinction de race, de sexe, de nation, de confession etc... quelle que soit l'absence de ce mot dans certaines sociétés, le contenu est là, là où il y a des êtres humains, il y a la conscience morale.

La conscience morale universelle

Pour éviter de nous répéter, signalons en quelques mots que la réalité universelle de la conscience morale a été déjà décrite dans notre introduction mais nous estimons devoir ajouter certaines idées. La conscience se présente comme une force vivante et permanente, une puissance intérieure qui pousse l'individu à prendre une décision pour ou contre dans une situation déter-minée. Briscout prétend que même les individus les plus grossiers, même les peuplades les plus arriérées ou les plus dégradées possèdent les idées fondamentales de bien et de mal, de devoir et de droit et que tous éprouvent les sentiments auxquels ces idées morales donnent lieu (15).

---

(14)Quenon, G. ; op. cit., pp. 53-54.
(15)Briscout, J. ; op. cit. p. 455.

Dans le même ordre d'idées, Brabant, pour sa part dit qu'il ne faut pas entendre la loi divine donnée à Moïse, mais aussi celle qui fut donnée bien avant cette dernière, à tout homme dès lors qu'il possède la nature humaine. Nul ne peut dire qu'il en soit privé, pas plus les juifs que les autres hommes. C'est la loi naturelle, innée, des gentils. Elle est d'abord gravée intérieurement dans le cœur avec le doigt de Dieu. Elle s'exprime en tous par la règle d'or qu'Augustin rappelle si souvent et sur laquelle il appuie l'existence de la conscience « Ne fais pas à autrui ce que tu ne veux pas qu'on te fasse ». Qui vous a enseigné à ne pas vouloir qu'un autre homme approche votre épouse ? Qui vous a enseigné à ne pas vouloir ni une injustice, ni tout ce que l'on veut dire de semblable, soit en général, soit en particulier ? Aux questions suivantes : « L'adultère, le vol, la convoitise etc... de ce qui appartient à autrui est-ce une bonne chose ? tous, dit-il d'un commun accord, peuvent répondre « non » c'est la loi intérieure gravée dans le cœur de chacun, n'êtes-vous pas forcé, dit-il de rentrer dans votre cœur, quand vous souffrez le même mal qu'on a fait à autrui ? Voici un exemple concret : un homme part en voyage, confie à un autre son or, sans autre témoin que celui de la conscience, voici qu'il meurt d'un accident et laisse un héritier, son fils. Alors, pour juger correctement, il faut rentrer dans son cœur où est gravée cette loi « Ne fais pas à autrui ce que tu ne veux pas qu'on te fasse » et là, se mettre à la place de l'autre et juger soi-même la cause : car le tribunal de jugement c'est le cœur, la conscience etc... (16). La conscience morale est universelle comme nous l'avons déjà répétée à maintes reprises, elle est faible, elle est incertaine, elle est trompeuse etc... mais cela n'exclut pas son existence dans la vie de chaque individu.
Le païen comme le chrétien la possède comme nous l'avons déjà dit dans la partie précédente.

---

(16)Brabant, G. ; Le Christ, Centre et source de la vie morale chez St. Augustin, Ed. Duculot, Gembloux, 1971, pp. 127-128.

La conscience chrétienne

Pour le chrétien, éclairé par la foi et animé par l'amour-charité, l'option fondamentale, qui doit être à l'arrière-fond de toutes ses décisions éthiques, est de croire qu'il ne peut <u>se sauver sans le Christ</u>. Pour lui, la solution unique au problème de la vie, à la réalisation de l'homme par lui-même réside dans le salut apporté par le Christ. La conscience chrétienne est au service de l'amour. La foi agit essentiellement comme témoignage de l'amour-agapé que le Christ est venu apporter au monde. C'est donc la vertu de charité qui finalise toute l'activité éthique du chrétien éclairé par la foi. On a donc là un caractère fondamental face à des choix éthiques particuliers, le discernement chrétien devra toujours tendre à opter le mieux la souveraine dignité de la personne humaine. La conscience fondamentale du chrétien doit se manifester aussi dans sa dimension familiale, professionnelle, paroissiale, académique etc… pour y faire prédominer l'amour et le respect des personnes (17).

Ecartons-nous donc de cette idée que la conscience chrétienne isole, sépare le chrétien du reste des hommes, bien au contraire, la conscience chrétienne n'est pas essentiellement différente de la conscience morale, l'une ou l'autre, à des degrés divers, sont l'œuvre de même Esprit de Dieu dans l'âme de l'homme. La première est l'approfondissement et l'élargissement de la seconde.

Le chrétien reste donc dans l'humanité, il vit dans les mêmes conditions, mais sa spécificité demeure dans sa dépendance à la volonté de Dieu.

---
(17)Aubert, J.M. ; op. cit., pp. 215-217.
(18)Sabatier, A. ; Art. Analyse de la conscience chrétienne in Les religions d'autorité et la religion de la liberté, Ed. Nouvelle, Paris, 1956, pp. 409-412.

Pour le païen la loi est le principe de la conscience. Il agit lui-même sans l'intervention de Dieu. Il est responsable de la prise de ses décisions, tandis que la conscience chrétienne n'est pas autre chose que la grâce du St. Esprit qui est donnée par la foi en Christ. On se souviendra que toute conscience est par nature erronée, souillée et ce n'est que par la foi en Christ qu'elle peut être purifiée. Malgré les imperfections de la conscience chrétienne ou de la conscience morale, le Christ accorde le pardon par sa grâce à quiconque qui se reconnaît pécheur et reconnaît avoir besoin d'être sauvé.

Le rapport entre les deux consciences

Une première idée qu'il faut retenir est la richesse extraordinaire de la conscience et la multiplicité des problèmes qu'elle peut susciter. La conscience, c'est la personne humaine elle-même avec ses pulsions, ses tendances, ses perceptions, ses réflexions. Elle est faite d'un dédoublement qui permet à l'homme de voir clair en lui, au moins pour une bonne part de savoir ce qu'il veut et pourquoi il le veut, ce qu'il pense et comment il pense. L'homme se sent attiré par les valeurs, il se perçoit confronté à un milieu social qui a ses lois et à des hommes qui peuvent collaborer avec lui ou entrer en compétition d'idées et d'intérêts avec lui. Il sait bientôt par expérience que telle option a des suites favorables alors que telle autre engendre des ennuis (19).

Comment concilier la conscience morale universelle s'adressant à des êtres libres et la conscience chrétienne ? La conscience chrétienne n'est pas autre chose que la grâce du Saint-Esprit qui est donnée par la foi en Christ. Elle désigne donc de l'homme ce qui confère tout de même à ces deux consciences une origine divine.

---

(19) Delhaye, Ph. ; La conscience morale du chrétien, Ed. Desclée, Tournai-Paris, 1964, p. 225.

Ce qui marque la morale du Christ est la grâce et la présence de l'Esprit de Dieu. Cette présence de la grâce tend à transformer l'homme pour faire un fils adoptif de Dieu. Le Christ est auteur de cette conscience parce qu'il la réalise lui-même en plénitude. Il est la conscience nouvelle distinguée de l'ancienne qu'il vient accomplir et dépasser. Quel est le contenu de cette conscience du Christ ? C'est essentiellement l'amour-charité. Cet amour, effet de la grâce et diffusé par le Christ, les éveille à l'amour de Dieu et les rassemble en un peuple et une humanité unifiée et réconciliée. De plus, cette conscience du Christ est conscience de liberté car de par son agir propre, la conscience de grâce et d'amour ne détruit en rien de ce qu'il y a de plus spécifique en l'homme, sa liberté. Le rapport des deux consciences n'est pas autre chose qu'une forme du rapport entre la grâce et la nature, la grâce ne détruit pas la nature humaine, mais la perfectionne. Le message Evangélique doit être annoncé à tous les hommes sans qu'il y ait lieu de distinguer juifs et païens, cet enseignement vise l'universalité de tout l'agir humain. La vie nouvelle, à laquelle appelle le Christ, doit rejaillir sur tous les actes de l'homme (20).

CONCLUSION

Le rapport entre deux consciences se situe sur un double registre : L'une est la réalisation du salut par Jésus-Christ où la conscience nouvelle qui lui est attachée n'est autre que celle de l'amour et de la grâce divine. La personne s'engage dans une nouvelle existence en Christ. Ensuite comme fonction spécifique de jugement moral de discernement sur ce qui doit être fait ou évité concrètement. L'homme est sujet de son propre devenir, il a la capacité d'orienter, de dominer les déterminations tout au moins de leur donner un sens, de faire siens, de privilégier les uns pour réfréner les autres. Il se possède lui-même et n'est pas possédé par le cosmos.

---

(20)Aubert, .M. ; op. cit., p. 233.
Mt. 28 : 19, Ga. 3 : 8.

La décision de l'homme révèle qu'il est capable de se tenir en main, d'instaurer une continuité entre le passé et le présent en préparant l'avenir. Dans ces perspectives, on pourrait être tenté de croire qu'il y a là comme un antagonisme. Répétons-nous, les deux consciences sont d'origines divines et ont donc beaucoup plus à collaborer qu'à s'opposer. Ces deux choses vont d'ailleurs ensemble et ne sont que les deux aspects d'une morale de l'homme, image de Dieu. Il ne s'agit nullement de laisser écraser celle-ci par celle-là, mais il faut promouvoir une collaboration là où certains auraient pu voir une opposition.

BIBLIOGRAPHIE

1. AUBERT, J.M.
- Loi de Dieu, Lois des hommes, Desclée, Tournai-Paris, 1964.
- Art : Conscience morale et loi in Initiation à la pratique de la Théologie, Tome IV ; Ethique, Ed. du Cerf, Paris, 1983.

2. BRABANT, O.
Le Christ, Centre et source de la vie morale chez St-Augustin, Ed. Duculot, Gembloux, 1971.

3. BRISCOUT, J.
Art : Conscience in Dictionnaire des connaissances religieuses, Tome 10e, Ed. Latouzey et Ané, Paris, 1925.

4. DELHAYE, Ph.
Conscience morale du chrétien, coll. Le mystère chrétien, Desclée, Tournai-Paris, 1964.

5. Mgr. GIBIER.
Le règne de la conscience, Librairie Tequi, Paris, 1922.

6. LAFON, R.
Art : Conscience in Vocabulaire de Psychopédagogie et de psychiatrie de l'Enfant, P.U.F., Paris, 1979.

7. LECLERCQ, G.
La conscience du chrétien, Essai de Théologie morale, Paris, 1949.

8. LE SENNE, R.
- Art : La conscience morale in Traité de Morale Générale, 1ère éd., P.U.F., Paris, 1942.
- Art : La conscience morale in Traité de Morale Générale, 5e éd., P.U.F., Paris, 1967.

9. SILLAMY.Art :
Loi et Evangile in Dictionnaire de spiritualité, Tome IX, Ed. Beauchesne, Paris, 1976.

10. MADINER, G.
La conscience morale, Ed. Aubier, Paris, 1955.

11. PIETERS, A.
Cours d'Ethique : Conscience morale et Evangile, 1981-1982, Faculté de Théologie Protestante de Bruxelles.

12. POUPARD, R.
Art : Morale et Religion in Dictionnaire des Religions, P.U.F., Paris, 1984.

13. QUENON, G.
Dans les Ecrits du Nouveau Testament, Etude exégétique de la Notion de Conscience dans le N.T., mémoire de licence en théologie, Faculté de Théologie Protestante de Bruxelles, 1984.

14. SABATIER, A.
Art : Analyse de la conscience chrétienne in Les Religions d'autorité et la Religion de la liberté, Ed. nouvelle, Paris, 1956.

15. SILLAMY, N.
Dictionnaire Encyclopédique de Psychologie, Ed. Bordas, Paris, 1980.

16. SIMON, R.
Art : La conscience morale in Morale, 11e éd., Ed. Beauchesne et ses fils, Paris, 1961.

17. Univers de la Psychologie, Vocabulaire de Psychologie, Ed. Lidis, Paris, 1977.

18. UTZ, A.
- Art : Conscience in Ethique sociale, Tome 2, Ed. Universitaires, Fribourg, 1967.
- Art : Conscience in Ethique sociale, Tome 1, Ed. Universitaires, Fribourg, 1960.

19. VERGODE, A.
L'accès à Dieu par la Conscience morale, E T L, 37, 1961.

20. WESTPHAL, A.
Dictionnaire Encyclopédique de la Bible, Ed. Je sers, Paris, 1932.

CHAPITRE II

LES INTERDITS CHEZ LES MONGO ET LA CONSCIENCE MORALE

INTRODUCTION

Etudier attentivement les Interdits d'un peuple constitue la meilleure école et le bien de choix pour pénétrer et saisir le fond même de son éthique ou de sa religion. C'est pour ce motif qu'il nous paraît important d'étudier les Interdits des Mongo. Parler des Interdits des Mongo, c'est certainement s'engager dans une des études fondamentales. Le grand intérêt que suscite ce propos vient du rôle même que jouent les Interdits dans la vie de cette société. La présence de cette coutume chez les Mongo façonne en effet leur conduite. Il existe une variété d'Interdits chez les Mongo comme ailleurs et il est difficile de les décrire tous. Le nombre de ces Interdits est infini. Tous présentent un caractère commun, car ils ne comportent aucun contenu d'ordre juridique. Ce sont des coutumes qui se transmettent d'une génération antérieure à la génération suivante. Ils s'imposent en obligation de s'abstenir de ceci ou de cela, ils sont tous négatifs. Ils ne donnent aucun ordre positif. Celui qui viole un Interdit s'attend à une punition correspondante. L'automatisme de la sanction ignore si le coupable est conscient de sa faute ou non. Car la vengeance des Interdits poursuit le transgresseur sur une longue période dans le temps et au sein de sa famille ou de son clan (1).

Frazer dit que si nous voulons pénétrer la mentalité du primitif et comprendre son mécanisme, il nous faut considérer ses croyances, ses coutumes et les observer avec soin et les étudier aussi minutieusement que possible. Nous nous sentirons autorisés à formuler les opinions sur la manière dont un homme non-civilisé penserait et agirait lorsque nous aurons satisfait ces conditions (2).

---

(1) Nothomb, D., Un humanisme africain, valeurs et pierre d'attente, Lumen Vitae, Bruxelles, 1969, pp. 195-199.
(2) Frazer, J.G., Les origines de la famille et du clan, Trad. française par la Comtesse, Ed. Paul Geuthner, Paris, 1922, p. 47.

Notre étude comprendra trois parties : la première envisagera la définition et la deuxième tâchera de mener une recherche sur les origines des Interdits et la dernière partie abordera la question des Interdits et la conscience morale et la brève conclusion clôture notre travail.

Essai de définition de la notion d'Interdit ou Tabou

Le Tabou est un mot polynésien qui signifie précisément « remarqué » mais qu'on traduit ordinairement par « Interdit » ; on ne doit pas toucher une personne ou une chose Tabou. Tout ce qui se rapporte à la mort est habituellement Tabou, quiconque touche un cadavre le devient lui-même (3).

Etymologie

Selon Webster, H. : Tabou est un mot polynésien qui signifie soumettre quelque chose à une prohibition, quant à lui, le Tabou reste toujours un adjectif. Les formes substantive et verbale s'expriment par des mots et des phrases dérivés. Tabou semble être proprement le terme usité dans les îles Tonga, on trouve Tapu à Samoa, aux îles Marquises, en Nouvelle-Zélande. On a supposé que Tapu dérive de ta, qui veut dire « marquer » et pu, adverbe de portée intensifiante. Cela étant, le mot composé Tapu qui signifie en premier lieu « marquer complètement » et secundo « sacré ou prohibé ».

D'après une autre étymologie Tapu viendrait du nom de la conque-trompette, pu et de ta, qui signifie « frapper », aussi bien que « marquer, lier », lorsqu'un chef annonçait une restriction cérémonielle en soufflant dans la conque qui lui servait de trompette. Cette pratique aura pu être décrite par le mot composé ta-pu. Nous ne saurions retenir ni les dérivations ni d'autres qui leur sont analogues, car le mot tapu ou tabu, avec les coutumes et croyances qu'il désigne, se laisse amplement suivre à la trace à travers l'ensemble du monde océanien (4).

---

(3)Ringgren, H. et alii, Art, Tabou, in Les Religions du Monde, Trad. par R. Jouan, Payot, Paris, 1960, p. 22.
(4)Webster, H., Le Tabou, Etude sociologique, Payot, Paris, 1952, p. 13.

Comme mot anglais, « Tabou » a dû son expansion au capitaine Cook, qui l'emploie dans la relation de son troisième et dernier voyage autour du monde : il aborda aux Tonga en 1777, à bord de son vaisseau, avec plusieurs chefs et subalternes. Quand on servait le dîner, aucun d'entre eux n'acceptait de s'asseoir, aucun ne voulait manger les repas qu'on présentait.

« J'exprimais la surprise que cela me causait »; ils disaient alors qu'ils étaient tous Tabou. Ce mot, de sens très compréhensif, signifie en général, qu'une chose est prohibée (5).

Webster nous propose deux définitions : l'une sociologique et l'autre psychologique :

- Selon la sociologie : le Tabou se réfère à un système de prohibitions observées comme coutumes et développées en institutions chez les polynésiens et parmi d'autres peuples (6) ;

- D'après la psychologie : le Tabou peut donc être défini comme la conception du danger mystique que présente un objet particulier et dont résultent des contraintes et des restrictions, centrées non pas sur ce qui est prohibé mais sur le fait même de la prohibition. C'est tout juste la simple peur des conséquences de la désobéissance (7).

Freud S. rejoint à son tour ses prédécesseurs cités plus haut, en situant l'origine du mot Tabou en Polynésie. La traduction de ce mot présente pour nous des difficultés, parce que nous ne possédons plus la notion qu'il désigne. Ce terme correspond au Sacer Romain, l'Uyos des Grecs et le Kadosch des Hébreux et devait avoir le même sens que le Tabou analogue chez beaucoup d'autres peuples de l'Amérique, de l'Afrique et du centre de l'Asie. Le Tabou présente deux significations opposées : d'un côté, celle de sacré, consacré, de l'autre celle d'inquiétant, de dangereux, d'interdit, d'impur. Il se manifeste essentiellement par des interdictions et restrictions (8).

---

(5) Webster, H., op. cit., p. 14.
(6) Webster, H., op.cit., p. 26.
(7) Webster, H., op.cit., p. 26.
(8) Freud, S., Art, Tabou et l'Ambivalence des sentiments dans Totem et Tabou, Payot, Paris, 1912, p. 29.

Thomas, N.W., cité par Freud, S., accorde un sens rigoureux à ce concept. Ce sens comprend sa désignation :
- le caractère sacré ou impur des personnes ou des choses ;
- le mode de limitation qui découle de ce caractère ;
- les conséquences sacrées ou impures qui résultent de la violation de l'interdiction (9).

La définition de ce terme telle que Paul Radin nous propose, correspond à la conception des Mongo des Interdits. C'est pourquoi nos pères, qui les ont apprises eux-mêmes de leurs pères, se protégeaient avec ces anciennes règles et coutumes qui sont nées de l'expérience et de la connaissance des générations. Nous ne savons pas comment, ni pourquoi, mais nous leur obéissons afin qu'il nous soit accordé de vivre en paix. Nous craignons les choses que nous savons par l'histoire et les légendes qui nous viennent de nos ancêtres. C'est pourquoi nous nous en tenons à nos coutumes et observons toutes les règles du Tabou (10).

Compte tenu de ce qui vient d'être dit : quelle est en fait la définition que nous nous proposons ? Les Interdits ou Tabous : c'est l'ensemble des coutumes que les ancêtres nous ont légués, les parents à leur tour ont transmis à leurs enfants, afin de maintenir le lien entre le monde visible et invisible (11).

---

(9)Freud, S., op. cit., p. 30.
(10)Radin, P., Le monde de l'homme primitif, Trad. de l'anglais, par A. Toba, Payot, Paris, 1962, p. 72. (Bibliothèque scientifique).
(11)Bongango, J., L'étude des Tabous chez les Mongo de Basankusu, mémoire de licence en théologie et sciences humaines F.T.C.K., 1977, p. 1.

Origine des Interdits

Nous avons estimé important de nous proposer une étude sur les origines des Interdits et nous tâchons de signaler au départ qu'on a fait de nombreuses hypothèses sur la naissance des Interdits ; pour le cas de certaines sociétés et en ce qui concerne les Mongo, nous avons été obligés de faire du travail de pionnier, car jusqu'à nos jours les Interdits chez les Mongo n'ont pas encore été l'objet d'une profonde recherche anthropologique et religieuse. Selon le Dictionnaire des antiquités grecques et romaines, l'origine des Interdits serait dans la nécessité de protéger les concessions. Cette théorie suppose que les Interdits possessoires sont nés les premiers, ce qui est inadmissible, on a cru aussi que les Interdits avaient eu pour but primitif de combler les lacunes du droit. Cette opinion est peu soutenable. Ensuite, les Interdits dérivaient uniquement de l'Empereur ou du Préteur, c'est-à-dire le Ministère de la Justice actuel. Celui-ci interpose son autorité pour mettre un terme au différend et d'autres disent que le but de la naissance des Interdits est de maintenir la paix publique (12).

Balandier, G., déclare que le phénomène existe dans toutes les civilisations y compris les civilisations industrielles, mais il est particulièrement développé dans certaines sociétés africaines (13). Lalande partage cette opinion de Balandier : Il n'y a pas de religion où il n'existe des interdictions et où elles ne jouent un rôle considérable (14).

Webster pense que les songes, les visions, les mauvaises fortunes y compris l'expérience de coïncidence ont joué un rôle dans l'établissement de nombreux Tabous et dans leur maintien en vigueur.

---

(12) Danemberg et Saglio, Art, Interdit, dans Dictionnaire des antiquités grecques et romaines, p. 557.
(13) Balandier, G. et alii, Art, Interdit in Dictionnaire des civilisations africaines, Ed. Fernand Hazan, Paris, 1968, pp. 221-222.
(14) Lalande, A., Art, Tabou in Vocabulaire Technique et critique de la philosophie, P.U.F., Paris, 1968, p. 1100.

Mais il est facile d'en exagérer l'importance, certains Tabous, qui actuellement paraissent dépourvus de sens, peuvent avoir été significatifs autrefois, quand ils prohibaient ce dont l'expérience avait manifesté des effets malsains, concernant une série quelconque d'activités usuelles : recherche de la nourriture, relation sexuelle, guerre etc… Il se trouve des Tabous pouvant avoir au fond, dans le présent une utilité subsidiaire car souvent on reconnaît à l'évidence qu'ils ont été délibérément désignés par des chefs de tribu, des magiciens, des prêtres. Le sauvage est, en effet, fort capable, en faisant appel à des craintes « superstitieuses » d'instaurer une règle pratiquement utile (15).

C'est par ce moyen qu'il assure à la règle une prompte obéissance. Comme toutes les observances ressortissant à la coutume, les Tabous jaillissent quelquefois de l'intérieur du groupe et sont perpétués par la tradition orale (16). Contrairement aux propos invoqués plus haut, Freud, S., déclare dans son livre intitulé « Totem et Tabou » que les origines des Interdits sont inconnues, incompréhensibles pour nous, elles paraissent naturelles à ceux qui vivent sous leur empire. Et Wundt cité par Freud pense que l'Interdit représente le code non écrit le plus ancien de l'humanité. Il est généralement admis que le Tabou est plus ancien que les dieux et remonte à une époque antérieure à toute religion (17).

Voici ce qu'en dit Murphy, J. : le Tabou possède une caractéristique qui est annexée d'une part avec l'attribution primitive d'une puissance à des choses mystérieuses et avec la peur et la crainte que cela produit et qui, d'autre part, marque le contraste avec les formes supérieures de l'éthique et de la religion qui prennent la place des coutumes et croyances sauvages. Cette caractéristique résulte de la nature de la mentalité primitive ; on peut l'appeler particularisme. En d'autres termes, la pensée du sauvage, comparée à celle de l'homme cultivé, est impulsive et désunie.

---

(15) Webster, H., op. cit., p. 25.
(16) Webster, H., op. cit., p. 36.
(17) Freud, S., op. cit., pp. 29-30.

De la Saussaye, un anthropologue français du 19ᵉ siècle, cité par Murphy, dit ceci des primitifs : « Les primitifs suivent des impulsions et des impressions qui changent à chaque instant. » Comme l'animal instinctif duquel il a été procédé, le premier type humain répond rapidement aux impressions de ses sens, habituellement par quelque sorte d'actions ou de mouvements et de là vient que son attention ou son intérêt passe souvent tout aussi vite d'un objet à un autre. Le caractère de l'esprit cultivé, qui s'y oppose fortement, car la mentalité civilisée eut le pouvoir de concevoir des longues pensées, de former des idées générales, de grouper des actions d'après des principes, de faire une grande loi recouvrant et rendant une masse énorme de petits commandements ou prohibitions et de se confier en un unique esprit intérieur, au lieu d'avoir à obéir en détail à une vaste série de règles. La mentalité primitive au contraire, sous l'influence des peurs qui jouent un si grand rôle dans la détermination tant de sa religion que ses règles de vie, a presque une réponse ou une réaction particulière pour chacune de ces peurs quand elles surgissent, et elle traite différemment chaque contingence périlleuse lorsqu'elle arrive. Voilà précisément comment se bâtissent les Tabous (18).

Dans ce même ordre d'idées, Frazer, J., pense que le terme de Tabou est un de ces mots assez rares dans notre langue, que nous avons empruntés aux peuples inférieurs. Dans la langue polynésienne, d'où il nous vient, ce terme désigne un système remarquable qui a exercé une profonde influence sur la vie politique, sociale et religieuse des Océaniens, aussi bien des Polynésiens que des Mélanésiens. Nous avons cru que l'institution dont il s'agissait, était limitée aux races brunes ou noires du Pacifique (19).

---

(18) Murphy, J., Art, Le Tabou, loi de la Tribu, dans Origines et Histoire des Religions, Trad. J. Marty, Payot, Paris, 1951, pp. 118-126.
(19) Frazer, J., Tabou et périls de l'âme, Trad. H. Peyer, Ed. Geuthner, Paris, 1927, (voir préface), p. 345.

Mais une étude attentive des écrits d'observateurs qui avaient vu le Tabou dans toute sa floraison en Polynésie nous mena bientôt à changer d'avis et nous sommes arrivés à la conclusion que le Tabou n'est que l'un des nombreux systèmes analogues de superstition qui, chez beaucoup, sinon chez toutes les races humaines, en d'autres mots le Tabou est une notion universelle. C'est à l'ancêtre reculé qui au prix d'une lente expérience nous a transmis son héritage, c'est de lui que nous tenons ces idées qui nous semblent fondamentales. Nous sommes les héritiers d'une fortune, transmise depuis tant de siècles de père au fils (20).

Cazeneuve, J., écrit : « Il est probable que, parmi les Tabous portants sur l'impureté que nous rencontrons chez les primitifs, beaucoup sont le résultat d'une évolution qui masque leur origine véritable. Et celle-ci, la plupart du temps ne nous est pas expliquée par la tradition. Par contre, nous pouvons avoir des renseignements sur la formation de quelques superstitions ayant cours dans nos sociétés, et qui ne diffèrent guère des interdictions que respectent les primitifs sans raison apparente.

Par exemple, quand nous disons qu'il ne faut allumer trois cigarettes avec une seule allumette, nous énonçons là de véritables Tabous. En effet, l'homme superstitieux dira que la violation de ces règles porte malheur et s'il lui arrive de s'en rendre coupable, il éprouvera une inquiétude semblable à celle du primitif qui a transgressé un Tabou. Or, nous connaissons assez bien l'origine de cette prohibition moderne. On sait que, pendant la guerre du Transvaal, les soldats qui se trouvaient en première ligne avaient remarqué qu'il était dangereux d'allumer trois cigarettes avec une seule flamme. Cela donnait à l'ennemi le temps d'épauler son fusil, de viser et de tirer. Il n'y avait donc là qu'une mesure de prudence.

---

(20)Frazer, J.G., op. cit., p. 343.

Le fait qu'elle se soit transformée en une superstition montre, comme le dit Codet, M., qu'il y a chez l'homme une soif de croyance à la magie, ou, si l'on préfère, une tendance naturelle à transformer en Tabous de simples prohibitions d'origine empirique. Il est évident que la superstition apparaît au moment où le motif rationnel de l'interdiction est perdu de vue (21).

Junod, cité par Cazeneuve, commence par exemple : « Quand un homme a dû déménager, et a laissé des arbres plantés par lui dans le village abandonné, les gens qui passent auprès de ruines secouent la tête et disent : Regardez ces arbres. Ils ont chassé le maître du village ». L'impression de désolation qui dégage d'une ruine est mise en relation avec la présence d'arbres d'origine étrangère, on les a souvent vus ensemble. De là l'idée que les arbres sont cause du malheur qui est survenu. C'est pourquoi il est Tabou de planter des arbres étrangers. Et Junod ajoute : « Sans doute un grand nombre de Tabous proviennent de coïncidences de ce genre qui sont considérés comme de mauvais présages. Si deux ou trois fois de suite, un certain acte s'ensuit dans l'esprit du primitif, l'acte est déclaré Tabou. Cependant, il est peu probable que tous les Tabous dérivent d'une consécution réellement observée une ou plusieurs fois. L'interprétation en question doit être comprise dans une explication plus vaste convenant aussi aux autres cas ».

Dans l'exemple qu'on vient de citer, il y a bien un raisonnement valable dans le Tabou des trois cigarettes et probablement erroné dans les autres qui justifient plus ou moins la prohibition. Mais pourquoi celle-ci devient-elle un Tabou, lors même que son origine est oubliée ? Le motif empirique ayant disparu, que subsiste-t-il, sinon l'angoisse, l'impression d'une menace surnaturelle qui pèse sur celui qui viole la règle ? C'est dire qu'au fond, ce qui est Tabou, c'est ce qui éveille l'angoisse liée à la violation d'une règle.

---

(21)Cazeneuve, J., Art, Le Tabou de l'impureté dans Sociologie du rite, Ed. P.U.F., Paris, 1971, p. 58.

Dans le Tabou des cigarettes, une crainte justifiée a conduit à une règle se suffisant à elle-même. Ce processus n'est sans doute pas exceptionnel chez l'homme (22). Il est même habituel chez les enfants. Ceux-ci dans leurs jeux disent souvent : « Si tu fais ceci, il t'arrivera cela » sans donner de raison. En somme, selon une tendance qui paraît générale, l'attente d'un malheur, l'angoisse de l'incertitude, sont rattachés à la violation d'une règle, qui n'a d'autre raison d'être que de se poser comme une règle (23).

Bradburg, E., dans ses études chez Edo du royaume de Benin affirme que l'origine des Interdits, des coutumes y compris les traditions remonterait aux aînés, c'est-à-dire les ancêtres (24). Madeleine Richard déclare que les Interdits entrent en action chaque fois que l'équilibre social du groupe est menacé ou les liens entre la nature et l'individu risquent d'être perturbés (25).

Damman, E., dans son livre intitulé : « Les religions d'Afrique » déclare que les religions révélées ont aussi leurs Tabous, notés dans un livre sacré. Tous les musulmans d'Afrique, même quand ils n'ont qu'un mince vernis d'Islam, s'abstiennent de viande de porc. Citons par exemple une raison qui justifie l'interdiction de manger du porc : le porc a beaucoup de maladies, vers, trichinose, cancer, qui pourraient se transmettre à l'homme. Il est vrai que le mouvement hérétique de l'ahmadiyya donne de ce Tabou une exégèse rationnelle. Cependant, on n'ose jamais contester ce Tabou ni d'autres imposés par le coran et la sharia (loi).

---

(22)Cazeneuve, J., op. cit., p. 60.
(23)Cazeneuve, J., op. cit., p. 60.
(24)Bradburg, R.E., Art, Pères les aînés et les esprits des morts dans la religion Edo, dans Essai d'anthropologie religieuse, Trad. C. Rouville, Ed. Gallimard, 1, 1972, p. 166.
(25)Richard, M, Art, Privilège de sexe et Interdits dans traditions et coutumes chez les Mada et Mouyeng, Nord-Cameroun, Ed. Anthropos Institut, Deutschland, 1977, pp. 200-225.

Dans le christianisme, l'Eglise catholique romaine défend l'administration des sacrements, la célébration de l'office divin, à cause de quelques péchés et quelques désobéissances (26) et de nombreux catholiques observent les jeûnes de l'Eglise.

Du côté protestant, il existe des Interdits alimentaires dans les Eglises Sionistes. Par exemple, la Secte de Schembé intitulé Nazareth Baptist Church de Johannes, qui a bien pris parmi les Zoulous, ne mange pas de porc, ne boit pas de bière, ne fume pas de tabac et fait le jeûne partiel de sept jours avant la Sainte-Cène. Cette secte a encore d'autres Tabous : abstinence sexuelle pendant les semaines de fêtes de janvier et de juillet, interdiction aux femmes de se couper les cheveux et aux hommes de se raser. Tout cela vient d'interdiction du fondateur de la secte et ses successeurs. En général, elles reposent sur des versets bibliques, qu'ils lisent en fondamentalistes et en légalistes et parfois interprètent de façon arbitraire.

Les Tabous de langage peuvent s'appliquer par le commandement d'une puissance personnelle ou par le désir de ne pas lui déplaire. Chez les chrétiens, il est d'usage à cause du deuxième commandement de ne pas nommer Dieu sans bonne raison, autrement dit sans y penser. Et quand certaines églises chrétiennes interdisent le serment de Mt. 5 : 33-37, c'est également un Tabou (27).

Le peuple Sakata qui se trouve dans la province de Bandundu, au nord-ouest de la république de la RDC, prétend que l'origine de l'Interdit n'est pas commune.

(26)Littré, E., Art, interdit dans Dictionnaire de la langue française, Tome 3e, Ed. Librairie Hochette et Cie, Paris, 1875, p. 124.

(27)Damman, E., Les religions de l'Afrique, Trad. de l'allemand par Jaspin, Payot, Paris, 1964, p. 107.

Chaque Interdit tire son origine de l'expérience de chaque jour. Cette expérience peut être des ancêtres ou des spécialistes de la communauté. Par exemple, les Sakata ne mangent pas la viande des animaux suivants : le corbeau, le chien et autres ; ce n'est pas parce que la société, leurs ancêtres leur ont défendu mais même du temps de leurs ancêtres, il y a une sorte de dégoût en eux pour tous ces animaux. Ce dégoût a fait qu'on commence à interdire cela aux enfants et ridiculiser ceux qui en mangent. Un individu ou une famille constate que chaque fois qu'il mange par exemple la viande du chien, il a des effets néfastes. Il prend alors la décision de ne plus en manger une seule fois. C'est alors qu'est né un Interdit (28).

Quant à Bolendo, l'un des groupes Mongo qui se trouve aussi à la province du Bandundu, affirme que les Interdits tirent leur source à l'expérience de ses ancêtres, y compris celle de certains individus. Par exemple : un ancêtre qui se serait hasarder à voler un gibier dans les pièges d'autrui, s'il lui arrivait un malheur qu'il prendrait pour punition de sa faute, il interdirait à toute sa descendance de manger de cet animal. L'observation de cet Interdit est due au respect qu'on a à l'ancêtre et la détermination à sauvegarder la vie des descendants du clan (29).

Le deuxième exemple : les individus qui constateraient des effets nocifs entraîneraient en eux la consommation d'un aliment prennent une décision personnelle de ne plus en manger. Prenons un exemple : certaines personnes qui ont remarqué que le fait de manger du « Nina » (poisson électrique) leur donne de la gale, se décident pour ne plus en manger (30).

Les Bayombe qui se trouvent à l'ouest de la RDC dans la province de Bas-Zaïre prétendent que l'origine des Interdits émanerait de leurs ancêtres.

---
(28) Information reçue du cit. Nshueutangwa, chercheur à la F.T.P. à Bruxelles (1981-1982).
(29) Bwanga-wa Mbenga : les Interdits, Fac. de théologie catholique de Kinshasa, Département de philosophie et religions africaines, travaux inédits, mars 1976.
(30) Idem.

P. ex. : il faut éviter d'appeler quelqu'un à haute voix par son nom en forêt ou au champ car les fantômes pourraient venir l'appeler la nuit chez lui à la maison. « C'est ce que disent les ancêtres ». Il existe certains Interdits dont l'origine relève de féticheur ou guérisseur : le féticheur dira p. ex. qu'il ne faut pas faire les relations sexuelles dans la forêt, car les deux partenaires risquent d'avoir leur jambe gauche gonflée démesurément (31).

Les Bamboma se trouvent au nord de la RDC dans la région de l'Equateur : ils déclarent que beaucoup d'Interdits tirent leur origine d'un événement malheureux. P.

ex. un membre de la famille a été tué par un serpent, une antilope etc... La famille ou le clan recommande à ses membres de ne plus manger cet animal (32).

Après avoir effectué la recherche sur les origines des Interdits ou Tabous dans la partie qui précède, nous avons remarqué que l'Interdit est une notion qui ne se limite pas à un peuple mais il apparaît presque dans toutes les sociétés humaines.
Beaucoup de chercheurs européens prétendent que la peur et l'angoisse seraient la base de la naissance des Interdits. Contraire à l'hypothèse citée plus haut.

Certains chercheurs européens et africains que nous avons cités dans ce travail pensent que l'origine des Interdits remonte souvent aux ancêtres, ensuite à l'individu ou des individus, enfin à la société etc... Quant aux Mongo, les Interdits (Ekila, sing, likila plur) sont tellement nombreux qu'il est difficile d'en délimiter la zone d'influence. Ils relèvent de l'ordre éthico-religieux. A propos de l'origine des Interdits, les Mongo la font remonter tout d'abord à Dieu, ensuite aux aînés et aux parents (33).

---

(31)Konde Masiala, A propos des Interdits (idem 29).
(32)Nyabolondo-Mosya, Les Interdits (idem 29).
(33)Bongango-Kalambay, op ; cit., p. 1.

Les Mongo disent que Njakomba (Dieu) est l'auteur du monde mais son œuvre créatrice continue jusqu'à présent (Itulaefa). Njakomba est invisible mais il est avec nous, sa puissance règne sur les hommes. Il est à l'origine de la vie, pourtant il a transmis cette vie aux premiers ancêtres ensuite aux patriarches, finalement aux pères (34).

D'autres proviennent des prescriptions permanentes ou passagères de différents spécialistes du clan tels que le sorcier, Boloki, le guérisseur, Nkanga etc... P. ex. la femme enceinte ne peut pas se déplacer la nuit. Pourquoi ? Elle risquera de rencontrer les mauvais génies ou le sorcier. Cette rencontre peut provoquer en elle la maladie qui peut risquer sa vie. Cet Interdit est temporaire. Il existe d'autres Interdits établis par un événement douloureux survenu à un individu. C'est ainsi que l'on trouve chez les Mongo des femmes à qui il est défendu de manger la chair du chien. D'autres Interdits tirent leur origine de l'expérience quotidienne d'un individu ou des individus. Prenons l'exemple de cet Interdit : un homme, chez les Mongo, ne peut pas sortir la nuit, lorsqu'il passe la nuit chez sa belle-famille. Qu'est-ce qui est défendu ? C'est la sortie la nuit. Quelles sont les raisons qui justifient cette prohibition ? Un jour, des époux sont allés rendre visite à leur belle-famille ; le soir, les parents ont offert un souper à cette famille (35). Mais le mari n'a pas pris une quantité suffisante. Parce qu'il avait faim, il se demandait comment il pouvait trouver la nourriture. A un moment donné, il a dit à sa femme qu'il allait à la toilette tandis qu'il sortait pour voler les bananes douces qui se trouvaient derrière la maison. Pendant qu'il était en haut, le beau-père est sorti sans avoir l'idée que c'était son gendre, il a tiré en croyant qu'un carnassier venait manger les bananes et le beau-fils s'est effondré d'un seul coup et il était mort Ainsi, les Mongo ne veulent pas celui qui fait des manières, si on te donne à manger, éviter à tout prix d'agir comme celui-là sinon l'on risquera d'être affamé et la nourriture traîne à la maison (36). C'est un Interdit individuel mais la société l'a rendu à tout le monde.

---

(34) Nyeme Tese cité par Bongango, op. cit., p. 15.
(35) Bongango-Kalamby, op. cit., p. 41.
(36) Bongango-Kalambay, op. cit., p. 42.

Les Interdits chez les Mongo et la conscience morale

Le peuple Mongo vivant l'esprit de son milieu traditionnel n'entreprend rien sans s'être assuré au préalable que son action n'est pas en contradiction avec les règles établies ou si son initiative ne risque pas de perturber l'ordre censé régner entre les membres de sa communauté.

Ce peuple recourt constamment à la sagesse de ses ancêtres, agit conformément à sa conscience née d'une longue et patiente éducation. Celle-ci repose principalement sur le respect des valeurs reconnues, sur la confiance illimitée en la sagesse des aînés, sur l'obéissance inconditionnelle aux Interdits et aux coutumes de la communauté. Ces Interdits présentaient hier et aussi aujourd'hui partout chez les Mongo comme valeurs incontestées et incontestables parce qu'ils étaient présumés seuls capables de maintenir l'homme sur le droit chemin qui conduit au bonheur (37). En principe, là où les hommes observent toutes les lois et règles inventées pour le bien de la société et celui de ses membres ne devaient exister que l'ordre et la paix. Le désordre et l'anarchie morale y sont inconcevables. Il est autant plus vrai que chez les Mongo, la conscience de l'individu ou du clan pouvait être troublée chaque fois qu'un événement désagréable ou un malheur frappait l'un ou l'autre de sa communauté. Or, cela pouvait lui arriver sans qu'il n'ait rien fait de répréhensible ou même à son insu.

N'oublions pas en effet qu'on peut être responsable au sens des Mongo, en cas d'oubli ; de négligence ou même d'ignorance totale (38). Si quelqu'un transgresse un Interdit par oubli, par négligence ou par ignorance, il n'est pas pour autant considéré comme moins responsable, tout ce qui pourrait résulter de cet oubli ou de cette ignorance devra lui être imputé. La preuve est qu'il est aussi, comme celui qui aurait agi en connaissance de cause, aux rites de purification dans le seul but de rétablir l'ordre censé perturbé par sa faute (39).

---

(37)Mujynya Nimisi, Les Interdits et la conscience morale, Communication à la IIe semaine Philosophique de Kinshasa (du 18 – 22 avril 1977), 8 p., p. 1.
(38)Mujynya, op. cit, p. 5.
(39)Idem, p. 6.

CONCLUSION

Les définitions, les origines et la conscience des Mongo vis-à-vis d'inobservance des Interdits nous a permis de saisir le sens et l'importance de cette coutume dans cette société. La soumission aux Interdits, disaient les Mongo, permet à l'homme d'avoir sa conscience tranquille ; tandis que la transgression de ces prohibitions crée des conflits et des malheurs. Notre propos était de mener une recherche de l'homme idéal chez les Mongo à travers les Interdits et nous avons peut-être avancé des hypothèses contraires aux réalités Mongo et affirmé spontanément des choses que les Mongo eux-mêmes n'oseraient pas avancer comme nous l'avons fait.

Nous ne voudrions pas achever ce travail sans nous reprocher certaines lacunes. Nous reconnaissons volontiers n'avoir pas tout dit ou expliqué. Des imprécisions se sont sans doute glissées par ci par là tout au long de notre cheminement. Toutes ces lacunes et bien d'autres dont nous n'avons pas été conscients, on voudra bien nous en excuser car nous nous sommes trouvés sur un chantier tout nouveau.

BIBLIOGRAPHIE

1. BALANDIER, G. et alii, Art, Interdit in Dictionnaire des civilisations Africaines, Ed. Fernand Hazan, Paris, 1968, pp. 221-222.

2. BONGANGO-KAKAMBAY, L'étude des Tabous chez les Mongo de Basankusu, mémoire de licence en théologie et sciences humaines, Faculté de Théologie catholique de Kinshasa, 1977, pp. 1, 15, 41-

3. BRADBURG, R.E., Art, Pères les aînés et les Esprits des morts dans la religion, Edo in Essai d'anthropologie religieuse, Trad. C. Rouville, Ed. Gallimard, 1972, p. 166.

4. CAZENEUVE, J., Art, Le Tabou de l'impureté in Sociologie du rite, P.U.F., Paris, 1971, pp. 58-60.

5. DAMMAN, E., Les religions de l'Afrique, Trad. de l'allemand par Jaspin, Payot, Paris, 1964, p. 107.

6. DAREMBERG et SAGLIO, Art, Interdit in Dictionnaire des antiquités grecques et romaines, p. 557.

7. FRAZER, J.G., -Les origines de la famille et du clan, Trad. française par la Comtesse, Ed. Paul Geuthner, Paris, 1922, p. 47.
........................-Tabou et périls de l'âme, Trad. H. Peyen, Ed. Geuthner, Paris, 1977, pp 343, 345.

8. FREUD, S., Art, Tabou et l'ambivalence des sentiments in Totem et Tabou, Payot, Paris, 1922, pp. 29-30.

9. LALANDE, A., Art, Tabou in Vocabulaire technique et critique de la philosophie, P.U.F., Paris, 1968, p. 1100.

10. LITTRE, E., Art. Interdits in Dictionnaire de la langue française, Tome 3^e, Ed. Librairie Hochette et Cie, Paris, 1875, p. 129.

11. MURPHY, J., Art, Le Tabou, loi de la tribu in Origines et Histoire des religions, Trad. J. Marty, Payot, Paris, pp. 118-126.

12. NOTHOMB, D., Un humanisme africain, valeurs et pierre d'attente, Lumen Vitae, Bruxelles, 1969, pp. 195-199.

13. RADIN, R., Le monde de l'homme primitif, Trad. de l'anglais par A. Toba, Payot, Paris, p. 72 (Bibliothèque scientifique)

14 RICHARD, M., Art, Privilège de sexe et Interdits in Traditions et coutumes matrimoniales chez les Mada en Moyeng, Nord-Cameroun, Ed. Anthropos Institut, Deutschland, 1977, pp. 200-225.

15. RINGGREN, H. et alii, Art, Tabou in Les religions du monde, Trad. par R. Jouan, Payot, Paris, 1960, p. 22.

16. WEBSTER, H., Le Tabou in Etude sociologique, Payot, Paris, 1952, pp. 13-14, 25-26, 36.

Travaux inédits.

17. Bwanga wa Mbenga, Les Interdits, Faculté de Théologie catholique de Kinshasa, Département de philosophie et religions africaines, travaux inédits, mars 1976, 9 p.

18. Konde Masiala, A propos des Interdits, Faculté de Théologie catholique de Kinshasa, Département de philosophie et religions africaines, Travaux inédits, mars 1976, 8 p.

19. Nyabolondo-Mozya, Les Interdits, Faculté de Théologie catholique de Kinshasa, Département de philosophie et religions africaines, Travaux inédits, mars 1976, 26p.

Communication.

20. Mujynya Nimisi, Les Interdits et la conscience morale, communication à la IIe semaine philosophique de Kinshasa, du 18 au 22 avril 1977, 8 p.

Informateur.
21. Nshueutangwa : Faculté de Théologie Protestante de Bruxelles, 40, rue des Bollandistes, 1040 Bruxelles, Belgique, Avril 1982.

LA LISTE DES INFORMATEURS

Baende Ikimo
Bafumbe Nkoy
Bainde M. Jeans
Balongola Bongwalanga
Bantanta Isealankamba
Beluwe Yaekitonga
Bofana Pierre
Bofonge Bosek'owaka
Bokanga Elumbu
Boketsu Mbomb'ea Janga
Boko Walokala
Bokula Lingonga
Bolifo Liyongo
Bompemo Iseolenge
Bompemo Njela
Bondjeka Amba
Bondjiko Empetaonga
Bondjolongo Boketsu
Bonina Pierre
Bosongo W'efetsi
Botuli Raphaël
Boyeye Iseofale
Ekofo Sokombe
Eselenga Georges
Ikili Bolombo
Ikewa Yaekalifwa
Ikola Pierre
Ilekola Wangela

Ilofo Insenteke
Ilokola Isealomela
Imponge Yaeka Lomama
Itokwa Mbulofeke
Iyanga Liyoko
Iyoko Empompo
Lofono Bokangila
Likoko Botsankoy
Likuse Mbulekojwele
Likuwa Iseotsutsu
Liyongo Nsosea Jende
Lofambo Engwala
Lokoka Isilika
Longila Lofanga
Longo Lwa Bangambo
Maman Boleki Thérèse
Mboyo Bomponge
Mboyo Bekanga
Mpoko Jean
Ndjoli José
Nyoy Engondo
Otooma Lotumu
Papa Kalamba Georges
Wenge Bonge
Wuteje wa Bokotomba

Liste des informateurs de la zone de Basankusu

N°	Noms	Age	Groupements
1.	Balongola Bongwalanga	48 ans	Nsongo
2.	Baende Ikimo	39 ans	
3.	Ingambe	33 ans	
4.	Ikili Bolombo	53 ans	
5.	Iyoko Empompo	31 ans	
6.	Isekama Esanga	32 ans	
7.	Liandja Lotala	32 ans	
8.	Bompemo Iseolenge	57 ans	
1.	Boketsu Mbomb'ea janga	65 ans	Lilangi I
2.	Boyeye Iseofale	47 ans	
3.	Impongee Yaeka Lomama	55 ans	
4.	Itokwa Mbulofeke	48 ans	
5.	Ilekola Wangela	28 ans	
6.	Isiyo Losalifa	49 ans	
7.	Lofono Bokangila	65 ans	
8.	Mboyo Bomponge	80 ans	
9.	Iloto Lukombo	25 ans	
10.	Ilombe Nyoy	27 ans	
11.	Maman Boleki	75 ans	
12.	Bantanta Isealankamba	63 ans	
1.	Bafumbe Nkoy	35 ans	Lisafa
2.	Bomboko	34 ans	
3.	Bongo	52 ans	
4.	Bonsele Jina	40 ans	
5.	Botonga Mboyo	30 ans	
6.	Lonombo Jina	46 ans	
7.	Wenge-Bongo	36 ans	
8.	Wese W'Esimeia	46 ans	
9.	Wuteji Wa Bokotomba	65 ans	

N°	Noms	Age	Groupements
1.	Bondjeka Amba Itokwa	37 ans	
2.	Bondjeka Bonsonga	43 ans	
3.	Bondjeka Lomako	35 ans	
4.	Batetele Boleki	36 ans	
5.	Beluwe Yaekitonga	37 ans	
6.	Ilengola	39 ans	Bongilima
7.	Intamba Bolange	34 ans	
8.	Lilenga Nyoy	29 ans	
9.	Lisala Bakombelo	39 ans	
10.1	Mpoko	48 ans	
11..	Bonkongya Wa Mbolo	47 ans	
1.	Bolifo Liyongo	46 ans	
2.	Bokanga Elumbu	65 ans	
3.	Bondjolongo Boketsu	52 ans	
4.	Ilondo Bongonda	38 ans	
5.	Ilofo Isenteke	45 ans	Ekombe
6.	Ilokola Isea Lomela Likuse	47 ans	Buya-Bokakata
7.	Mbulekojwele	65 ans	Lilangi II
8.	Lingolo	53 ans	Lifumba-
9.	Lonombe Bokako	39 ans	Bonamba
10..	Mombela	32 ans	Ekoto
11..	Ootoma Lotuma	67 ans	Bomate
12..	Lofambo Engwala	60 ans	
13..	Nkoy	… ans	
1.	Longele	58 ans	Bolima II
1.	Bonina-Botuli	50 ans	
2.	Likiyo Elumbu	48 ans	Ntomba
3.	Mboyo-Benkanga	60 ans	
1.	Iyanga-Liyoko	55 ans	Mondjondjo
2.	Ikembo-Yanga	65 ans	I et II

N°	Noms	Age	Groupements
1.	Bofana	49 ans	
2.	Boko W'alokala	50 ans	
3.	Bolonge Nosek'owaka	49 ans	
4.	Bokula Lingonga	46 ans	
5.	Bongoy	47 ans	Boeke
6.	Ikona	37 ans	
7.	Longila Lofanga	67 ans	
8.	Lofaka	49 ans	
9.	Likuwa Iseotsutsu	49 ans	
1.	Boketsu Bakalanganya	60 ans	
2.	Bompimbo	60 ans	
3.	Bondjiko Empetainga	55 ans	
4.	Bogende Bangusu	49 ans	
5.	Botuli W'Entombo	42 ans	
6.	Imbata Bosumbe	52 ans	Buya
7.	Kalamba Ngonga	80 ans	
8.	Ikewa Yaekalifua	… ans	
9.	Likoko Botsankoy	60 ans	
10.	Liyongo Nsosea Jende	47 ans	
11.	Likoka Isilika	40 ans	
12.	Nyoy Engondo	48 ans	
1.	Baembo Mboyo	20 ans	Ndeke, Lolungu
2.	Boko'Oka Nkoy	55 ans	Boyela, Wala
3.	Esinga Boko	30 ans	Waka, Lifumba
4.	Lokilo Iseelongo	42 ans	Bokenda
5.	Okuwankoy Loka Lifula	48 ans	Bolima II
6.	Lomboto Iwawa	35 ans	Boendo
1.	Bomeme Isekongonda	50 ans	Zone de
2.	Ekofo Sokombe	52 ans	Bolomba
3.	Ndjoli	35 ans	
1.	Bompemo Njela	53 ans	Zone de
2.	Longo Lwa Bangamba	50 ans	Monkoto
1.	Eselenga	55 ans	Zone d'Ingende
1.	Iyefa Adema	38 ans	Zone de
2.	Boende Wa Boende	34 ans	Bokungu
1.	Eliki Bonanga	37 ans	Zone d'Ikela

1.	Région de Bandundu		
1.	Biembongo Lopeli	32 ans	Zone d'Inongo
2.	Bwanga Wa Mbenga	39 ans	Zone de Mushie
3.	Nshue Utangwa	48 ans	Zone de Kutu
4.	Esakwa Botuli	58 ans	Zone Kiri
			Zone de Oshwe
			Zone Bolobo
2.	Région de Shaba		
1.	Kalonda Kapulu	50 ans	Zone de
2.	Mambole Joseph	43 ans	Kongolo
3.	Région de Kasaï Oriental		
1.	Anganda	53 ans	Zone de Lomela
2.	Nyeme Tese	51 ans	Zone de Kabinda
3.	Te Danga Camille	46 ans	Zone de Lubao
4.	Région de Kivu		
1.	Lahali Lumba Fatuma Rosalie	32 ans	Zone de Kasono
2.	Emile Lohahi A-Niama Lohahii	63 ans	Zone de Kibombo
			Zone de Kindu
			Zone de Walikale
5.	Région de Kasaï Occidental		
1.	Te Danga Camille	46 ans	Zone de Mweka
2.	Joseph Mambole	43 ans	Zone de Dekese
			Zone de Luebo
			Zone de Tshikapa

CHAPITRE III

L'INTERPRETATION DE L'AMOUR DU PROCHAIN CHEZ LES MONGO.

INTRODUCTION

Présentation du sujet

Pour éviter de trop généraliser, nous nous proposons de limiter notre étude au sous-groupe que nous appelons : Mongo de Basankusu. Ce dernier se compose des membres suivants : Baseka Mondje ou Nsongo et Baseka Bongwalanga.

Le territoire de Basankusu relève de la juridiction de district de l'Equateur, province de l'Equateur en R.D.C. Il est bordé au Nord par le territoire de Bongandanga, au Sud-Est par le territoire de Befale et au Sud-Ouest par le territoire de Bolomba (1).
Une population de 339.421 habitants, une superficie de 21.239 km² et une densité de 15 h/km². Le territoire de Basankusu se divise en trois secteurs plus la cité et se présente de la manière suivante :
Le secteur de Basankusu comprend 11 groupements et 96 villages.
Le secteur de Waka-Bokeka comprend 15 groupements et 110 villages.
Le secteur de Gombalo comprend 13 groupements et 117 villages (2).

On notera que la présente recherche ne concerne pas le dernier secteur qui appartient au peuple Ngombe. Notre étude se limite au peuple Mongo dont nous sommes originaires.

On rencontre dans le territoire de Basankusu quatre rivières et 29 ruisseaux. Le territoire est essentiellement forestier ; à l'intérieur de cette forêt, on trouve la multiplicité des produits tels que : le copal, le caoutchouc, les bois, les animaux comme les antilopes, les éléphants, les singes etc...

---

(1)Bongango, J. : L'organisation sociale chez les Mongo de Basankusu et sa transformation, Paris, Publibook, 2008, pp. 40-42.
(2)Voir le titre à l'Internet : le territoire de Basankusu ; Démographie, 1994-2004.

On retiendra qu'avant la pénétration européenne dans le territoire de Basankusu : on se déplaçait à l'aide de moyens suivants : la marche à pied et la pirogue. La colonisation ajouta : le vélo, l'automobile, le bateau et l'avion.

Hier le transport était facile mais aujourd'hui, la situation est critique. Signalons que le tam-tam était le téléphone ou la phonie des Mongo en général et ceux de Basankusu en particulier.

Quant à l'implantation du christianisme à Basankusu, nous déclarons que le territoire de Basankusu a été évangélisé par les missionnaires protestants et catholiques de nationalité anglaise.

La mission protestante dénommée Congo Balolo Mission C.B.M. est apparue au Congo sous la direction de John M.C. Kottrick en avril 1889. Elle a été établie à Ikau à 5 km du centre de Basankusu, tandis que la mission catholique de la congrégation Mill-Hill est arrivée au pays des Mongo en 1905.

Disons que les deux églises ont travaillé dans le même territoire ecclésiastique et dans la même population (3).

Retenons que c'est par le truchement de ces deux églises citées plus haut que nous avons rencontré le Seigneur Jésus-Christ et nous avons entendu pour la première fois le message de l'amour de Dieu et celui de l'amour du Prochain. La partie plus haut de notre travail a été consacrée à la présentation en bref de notre territoire.

Le thème de cette étude s'intitule : l'interprétation de l'amour du prochain chez les Mongo. Notre travail commence par une courte introduction et est suivi de deux chapitres. Le premier chapitre examine les biens fondés de l'amour ou de la charité dans la société Mongo. Le second chapitre s'intéresse à l'amour chrétien qui a trouvé son modèle en Jésus-Christ. La conclusion générale clôture notre étude.

---

(3)Bongango, J., Art : L'évangélisation, in l'Etude des Interdits chez les Mongo : la rencontre entre l'Ethique Bantu et la morale chrétienne, Paris, Publibook, 2012, p. 376.

I : L'amour du prochain est un secours obligatoire

<u>Introduction</u>

Précisons dès le départ que la notion de l'amour du Prochain est inséparable avec celle de l'amour de Dieu. Benoît XVI déclare que les deux préceptes sont liés et c'est

l'unique commandement. Ils vivent de l'amour prévenant de Dieu qui nous a aimé le premier et qui a envoyé son fils comme victime expiatoire pour nos péchés (4).
Aicher, A., pour sa part dit que pas d'amour de Dieu sans l'amour du Prochain, pas d'amour sans l'amour qui vient de Dieu en Jésus-Christ (5).

Notons que le terme amour est devenu aujourd'hui un des mots les plus utilisés et possède un sens dans les différentes cultures telles qu'en grec : agapé, en latin : amare, caritas, en allemand : Liebe, en anglais : love, en lingala : bolingo et en lomongo : lolango. Ce dernier est le mot du peuple Mongo qui fait l'objet de notre étude (6).

Précisons que notre travail n'aura pas la prétention d'étudier le sens que propose chaque culture, mais nous nous limiterons à l'interprétation de l'amour du prochain dans la société Mongo et l'analyse de l'amour chrétien tel qu'il a été enseigné par les missionnaires dans le pays des Mongo. Dans ce chapitre, nous examinerons ce que les Mongo considèrent comme l'équivalent de l'amour du prochain. Dans la partie plus haut, nous avons dit que l'amour de Dieu et l'amour du Prochain forment un seul amour qui provient de Dieu. Personne ne peut prétendre pratiquer l'amour du Prochain si son amour ne vient pas de Dieu. En ce qui concerne notre étude, il ne s'agit pas de la mise en pratique de l'amour du prochain proposé par l'enseignement des missionnaires, mais de la mise en pratique de l'amour ou de la charité des Mongo.

---

(4) Benoît, XVI, Dieu est amour, France, Cerf, 2000, pp. 37-40.
(5) Aicher, A., Art, Amour, in Dictionnaire de Théologie, Paris, Cerf, 1988, p. 13.
(6) Benoît, XVI, op.cit., p. 19.

Que pouvons-nous dire de la charité ? Les Mongo disent que la charité est un secours obligatoire. C'est un ordre légué par les ancêtres. Le respect de cet ordre est strict. L'intervention est illimitée jusqu'à résoudre le problème de celui qui est dans le besoin. Il n'y a pas de rendez-vous pour visiter un oncle maternel, une tante paternelle ou un frère cadet. Les repas sont publics, celui qui arrive au moment du repas participe comme s'il était invité. Il n'y a pas de bien privé : tout appartient aux membres du clan. Par exemple : le sol, le sous-sol, les eaux et la production sont pour la communauté et non pour l'individu.

Cette section nous suggère le cas suivant : X vient du village Lofoma dans la chefferie Boeke situé à 96 km du centre de Basankusu. Il a travaillé pendant 30 ans à

Kinshasa capitale de la République Démocratique du Congo et en 1980, il est mis à la retraite et décide de retourner chez lui. A son arrivée, il fut confronté à la question de son installation.

En tant que polygyne et père de 20 enfants, son hébergement pendant une longue durée n'était donc pas facile. Ainsi, il fut obligé de construire sa maison dans les plus brefs délais. Heureusement cette construction a été facilitée par le concours de tous les membres du village. Après trois mois, la construction de sa maison de deux étages fut achevée.

Voyons dans la partie suivante : la charité par le lien du sang, par le lien d'alliance, par le lien d'amitié, par le lien social et les différentes formes de cette charité.

1.1. la charité par le lien du sang

Ici la charité est réservée spécialement à la parenté biologique du côté paternel (wise) et aussi aux parents du côté maternel (bonyango). Cette assistance est applicable à tous les membres du clan reconnu par les aînés et par le conseil des anciens. On notera que si un membre de la parenté par le lien du sang est en difficulté, tous les membres sont concernés et cherchent les voies et moyens pour résoudre son problème. L'aide peut venir de loin ou de près. Les Mongo disent que cette assistance est obligatoire, rapide, profonde, permanente et se transmet de génération en génération. Voyons ci-dessous le tableau qui détermine les membres de la parenté biologique que les Mongo doivent absolument assister.

Le côté paternel	Le côté maternel
arrière-grand-père, ses frères et sœurs	arrière-grand-mère, ses frères et ses sœurs
le grand-père, ses frères et ses sœurs	la grand-mère, ses frères et ses sœurs
le père, ses frères et ses sœurs	la mère, ses frères et ses sœurs
l'individu, ses frères et ses sœurs	l'individu, ses frères et ses sœurs
le fils, ses frères et ses sœurs	la fille, ses frères et ses sœurs
le petit-fils, ses frères et ses sœurs	la petite-fille, ses frères et ses sœurs
l'arrière-petit-fils, ses frères et ses sœurs	l'arrière-petite-fille, ses frères et ses sœurs

La femme mariée est assistée des deux côtés sans oublier aussi son époux.
Ici nous soumettons les deux cas ci-après :

M. est né au centre de Basankusu et ses parents sont originaires du village Bolondo dans la chefferie Lifumba, situé à 80 km2 du centre de Basankusu. Si celui-ci a étudié au Japon et a terminé avec succès son doctorat en psychologie, c'est grâce à l'intervention de sa sœur. En effet, elle travaille au département des relations extérieures et lui a trouvé une bourse d'études post-universitaires. Pour le moment, il est professeur et député national.
MI.
N. vient du village Bokele dans la chefferie Boeke, situé à 85 km de Basankusu. S'il a eu la possibilité de faire ses études universitaires en Yougoslavie, c'est grâce au concours de son cousin syndicaliste qui est intervenu pour la deuxième fois pour son recrutement à la Banque nationale du Congo parce qu'il avait terminé avec succès sa licence en sciences administratives. Celui-ci est intervenu à son tour pour l'engagement de son frère cadet. Tout le monde est content de son acte.

1.2. La charité par l'alliance

Chez les Mongo, le mariage est l'extension de la parenté. Il en est de même pour la charité. Elle ne se limite plus au clan de l'époux mais elle concerne aussi les clans de la femme. Ainsi les époux assistent pour le moment quatre clans. Cette assistance n'est pas différente de celle qu'on pratique pour les clans du mari.

Elle est destinée aux parents suivants : la génération du grand-père fois 4, la génération du père fois 4, la génération de l'individu fois 4, la génération du fils fois 4, la génération du petit-fils fois 4 et la génération de l'arrière-petit-fils fois 4.
Ici nous soumettons les cas ci-après :
Y. vient du village Bosaola dans la chefferie Nsongo, situé à 25 km du centre de Basankusu. Si celui-ci est engagé à l'Onatra en 1980, c'est grâce à l'intervention de sa belle-mère.

P. est originaire du village Bonyeka dans la chefferie Buya, situé à 120 km du centre de Basankusu. S'il est vivant aujourd'hui, c'est grâce à l'intervention de son beau-frère qui a pris en charge tous les frais de son hospitalisation à la clinique de Basankusu en 1964, sinon il serait mort.

1.3. La charité par le lien d'amitié

L'amitié est aussi une extension de la parenté et il en est de même pour la charité. Elle intervient quand l'un de ses amis est dans le besoin. Cette intervention est

identique à celle de la charité par le lien du sang. Notons que dans le pays des Mongo, l'amitié a joué un rôle très fondamental :
Elle est l'une des conditions du mariage, c'est une garantie pour la famille. Elle assure la sécurité des individus, des familles et des clans. Elle n'autorise pas la guerre. Elle favorise les échanges des biens, des choses.

Elle facilite le dialogue, l'un apporte sa spécificité à l'autre et vice-versa. Elle est une protection contre les attaques extérieures. Elle assure la paix entre les individus, les familles et les clans.
Accentuons que là où il y a la parenté, la charité est présente et très forte par le lien d'amitié.

Ici, nous proposons les huit cas suivants :
B. est celle qui nous a assistés pendant notre séjour à Kinshasa en 1980-1990.
C. a pris en charge notre billet de voyage d'avion de Mbandaka-Kinshasa en 1986.
D. est celui qui nous a attribué une bourse d'études secondaires.
E. a été engagé au Ministère de l'enseignement primaire et secondaire en 1985 grâce à notre intervention. Notre grand frère a engagé certains de nos amis des humanités et les a envoyés dans les endroits suivants : Mbandaka, Bolenge, Boende et Baringa.

Nous avons envoyé une petite aide financière de 100$ à K. lorsque son père est mort en 2001.
F. est celui qui nous a aidés pour les démarches de notre séjour en France.
H. est celui qui a payé notre billet d'avion Kinshasa-Bruxelles en 2000.
Notre séjour de deux mois à Paris a été pris en charge par M. et ce dernier se trouve pour le moment au Congo.

1.4. La charité sociale

Qu'entendons-nous par la charité sociale ? Toute personne reconnue socialement par le conseil des anciens ou par les aînés.
Cette appartenance au clan, au village, au groupement etc... émane de la société et n'implique pas un lien quelconque avec le clan. Par exemple : la charité par le lien du sang et la charité par l'alliance.
Explicitons un peu cette pensée. Ce sont les aînés qui maîtrisent la généalogie de la famille et sont capables d'apprécier chaque cas. Après un examen approfondi, les aînés se prononcent pour ou contre conformément aux critères de la coutume. Pour

que les aînés approuvent les propos de l'individu, celui-ci doit remplir les conditions suivantes :
Etre prisonnier de guerre si elle éclate entre deux clans. Le clan gagnant ramène certains prisonniers chez lui. Quand ces prisonniers arrivent au clan, ceux-ci sont automatiquement esclaves, ils dépendent du clan et n'ont pas un mot à dire. Ils demeurent esclaves de deux à cinq ans et après ils sont acceptés comme membres du clan. L'individu peut être un ami d'une femme du clan appartenant à une famille polygyne, c'est-à-dire que l'homme vient habiter aux côtés de cette femme avec l'autorisation de son époux. Mais d'une manière informelle, après quelques années, il peut devenir membre du clan.

Le cas est fréquent, parmi les prisonniers, les belles femmes sont prises immédiatement comme épouses des différents membres du clan. Ainsi, l'union avec les femmes ne suit pas la procédure normale du mariage chez les Mongo.

Pour ces derniers, l'individu doit verser les compensations. Les enfants de cette union sont automatiquement membres du clan. Certaines personnes sont nées ailleurs pour une raison ou une autre, d'autres ont été déportées ou prisonnières.
D'autres encore ont fui la guerre chez eux et sont venus se cacher dans notre clan. A la longue, ces individus que nous venons de mentionner sont acceptés comme membres du clan.

Concluons que l'appartenance au clan dépend de l'appréciation de la société. En d'autres termes, ce sont les aînés ou le conseil des anciens qui fixent cette appartenance.
L'étude de la charité : lolango chez les Mongo consiste à réunir les hommes entre eux par le lien biologique et par le lien de relations humaines. Les Mongo notent avec précision que la charité de leur société est essentiellement sociale car elle est fixée par les aînés.

1.5. Les différentes formes de charité

Quel que soit le genre de charité, les Mongo manifestent leur charité dans les circonstances suivantes :
Pour construire une maison : la charité est présente, mais est réservée aux hommes. Dans le domaine de la production : la charité est très forte. Elle se manifeste dans le résultat des activités suivantes : la chasse, la pêche, la cueillette et l'agriculture. Ces activités se font en groupe et même si l'individu se rend, par exemple, à la chasse

seul, le résultat de sa chasse suit les critères de la coutume. Dans le domaine de la technique, la charité est toujours présente, aucun Mongo ne se fabrique la pirogue lui-même, il est toujours entouré par certains membres du clan ou par les alliés.

Dans la société Mongo, le métier de fabrication est une activité du groupe et non individuelle mais la charité est profonde.

Le mariage : il est dominé par la charité. Avant que le mariage ne soit annoncé, les parents, les amis et les membres de la famille du futur couple interviennent de la manière suivante :
Le choix leur appartient, ils contrôlent si le projet est conforme aux critères du mariage proposé par les ancêtres. Ils expliquent à leurs enfants le but du mariage dans cette société, ils donnent des conseils à leurs enfants, ils donnent aussi leur accord si tout est en ordre, le rendez-vous est pris pour la compensation. La charité chez les Mongo est très marquée dans les compensations, ainsi les membres des clans du futur marié témoignent leur charité de la manière suivante :
Si un neveu se marie, son oncle maternel lui apporte les cadeaux suivants : deux cuivres, trois lances et trois boucliers ; son oncle paternel à son tour lui apporte : les quatre cuivres, trois couteaux, deux poignards etc…

Du côté de la femme, le grand-père apporte à sa petite-fille trois paniers de poissons, la tante paternelle apporte de son côté les dons suivants : dix poules, sept chèvres, trois canards, huit nattes, deux paniers de manioc, deux paniers de viande etc… Le mariage est l'affaire du groupe et non de l'individu, ainsi la charité est profonde.

Le divorce : La charité n'est pas absente dans le divorce. Elle joue un rôle très remarquable. Avant que le projet de divorce ne soit soumis aux membres des deux clans, la majorité des membres de la famille de l'époux et de l'épouse analysent profondément la question. Ils cherchent d'où vient le problème et si ce dernier est bien expliqué, ils donnent de bons conseils et souvent le projet de divorce est annulé. Le divorce n'est pas souhaité mais s'il est inévitable, cela suppose que le problème est difficile à résoudre et que le seul moyen dans ce cas est la séparation. Mais la question est très complexe et dépend des deux clans. La charité est présente dans le divorce même si le résultat est négatif. La charité continue après le divorce si les enfants sont là et si les relations entre les familles étaient bonnes.

La charité se manifeste concrètement dans le deuil, tous les membres du clan, tous les membres par alliance et les amis viennent consoler ceux qui sont éprouvés.

Notons qu'ils vont enterrer le cadavre, ils apportent la nourriture, ils font la cuisine eux-mêmes, ils apportent aussi les boissons etc...

Soulignons que la charité est très marquée en ce moment chez les Mongo. Cette pratique est la même en ce qui concerne le retrait de deuil. La charité se manifeste aussi si un membre du clan est malade. Les membres du clan, les amis et les alliés réagissent de la manière suivante : les uns viennent visiter le malade, les autres le surveillent et apportent les médicaments. Si la maladie dure longtemps, certains membres rencontrent le guérisseur. Précisons que l'intervention des membres par le lien du sang reste permanente jusqu'à ce que le malade soit guéri ou qu'il décède. Chez les Mongo, on n'abandonne jamais un membre malade. La charité des Mongo se manifeste aussi dans les moments suivants : les conflits, les disputes, les querelles etc... entre les membres du clan et les personnes ou les groupes extérieurs. Voire même la guerre avec les voisins, les Mongo ne demandent pas les raisons de la dispute ou de la guerre, mais ils interviennent directement. Ici, retenons que la société Mongo ne tolère pas l'indifférence des membres par le lien biologique en ce qui concerne l'attaque des ennemis, l'intervention est rapide et obligatoire. La charité joue aussi un rôle remarquable à la naissance de l'enfant. Tous les membres par lien du sang, les alliés par alliance et les amis apportent des cadeaux et les autres s'occupent de la cuisine, des soins à la mère et à son bébé.

Résumons-nous : la charité est profonde dans la conception de vie de ce peuple et se manifeste de la façon suivante : Aider quelqu'un ou un groupe et ne rien attendre en retour. Assister celui qui est dans le besoin sans intérêt. Prendre en charge un groupe ou un individu et ne rien attendre en retour. Sauver quelqu'un ou son groupe sans demander de récompense. Protéger quelqu'un ou son groupe et ne rien attendre de retour. Mettons l'accent sur le fait que la charité chez les Mongo est un secours obligatoire parce que c'est un ordre qui a été légué par les ancêtres et qu'il doit être respecté rigoureusement.

Parachevons cette section et disons que la charité est une valeur positive chez les Mongo et qu'elle est présente dans toutes les activités de ce peuple.

II : En Jésus-Christ, l'amour du Prochain va très loin

Introduction

Dans notre observation dans la partie précédente, nous avons constaté que la charité pratiquée par les Mongo est essentiellement humaine, limitée et conditionnée.

Pour Jésus-Christ, aimer Dieu c'est lui appartenir absolument. Cet amour ne cherche rien, en tout cas, rien en dehors de Dieu. Nyggren, A., dit que l'amour chrétien, au contraire, brise toutes les barrières, il est universel et s'adresse à tous. Il n'y a ni juif, ni grec, ni esclave, ni maître, ni homme, ni femme et il en est de même pour les Mongo. Il n'y a ni les membres de parenté par le lien de sang, ni les membres par les liens de l'alliance, ni les membres par le lien de l'amitié (7).

Westphal, de son côté, souligne que si Dieu a établi une alliance particulière avec Israël, il n'a pas exclu les autres peuples de ses bénédictions. Une place spéciale doit être faite au livre de Jonas qui nous montre en Dieu l'universalité de sa compassion et de sa miséricorde. L'amour n'a plus de frontières au-delà d'Israël, il s'étend sur toutes les créatures (8).

Quant à Benoît XVI, le concept de l'amour du Prochain qui était limité seulement au peuple d'Israël et aux étrangers qui habitaient là est désormais aboli (9).
Celui qui a besoin de moi et que je peux aider, celui-là est mon Prochain.

2.1. Le chrétien va aimer celui qui est dans le besoin

Ici nous précisons que la charité chrétienne n'a plus de frontières, tous les Mongo convertis sont obligés de suivre le modèle de Jésus-Christ en d'autres termes la charité des Mongo doit devenir la charité chrétienne.

---

(7)Nyggren, A., Eros et Agapé, Paris, Du hier, 1944, pp. 59-60.
(8)Westphal, A., Art, Amour, in Dictionnaire Encyclopédique de la Bible, Paris, Je sers, 1932, p. 44.

Désormais, ils ne serviront que celui qui est dans les besoins : le peuple Nande, le peuple Luba, le peuple hollandais, le peuple sénégalais, le peuple Pende, le peuple japonais, le peuple camerounais etc… (9).

De Fiores, A., témoigne que le Christ-Jésus est le révélateur de la charité de Dieu. En ceci s'est manifesté pour nous l'amour de Dieu. Ce dernier a envoyé son Fils unique dans le monde, pour que grâce à lui, nous ayons la vie. Cet amour dont Dieu a l'initiative, s'est manifesté dans le don du Christ pour nous pécheurs et il a trouvé son accomplissement sur la croix (10).

Le même auteur nous oriente sur l'amour du Père envers le Fils, l'amour du Fils envers ceux que le Père lui a donné comme amis. Le couronnement et la source de cet amour c'est le sacrifice du Christ au moyen duquel Dieu réalise le salut du monde, en soulignant le caractère actif de l'amour de Dieu en Jésus-Christ, il insiste sur l'amour entre les frères. Cet amour a son modèle et sa source en Jésus-Christ (11).

Pour Westphal, l'amour pour le Père est si étroitement lié à l'amour pour le frère que l'absence du second est la preuve de la fausseté du premier (12).

Benoît XVI explique que la tâche primordiale de l'Eglise à notre époque en général et chez les Mongo en particulier s'exprime dans les trois points suivants : Annoncer la Parole de Dieu, célébrer les sacrements et pratiquer la charité. Les trois activités sont inséparables. Notez bien, la charité pour l'Eglise n'est pas une sorte d'activité d'assistance sociale en une entraide familiale. L'Eglise est la famille de Dieu dans le monde et dans cette famille personne ne doit souffrir par manque de nécessaire (13).

---

(9)Benoît XVI, op. cit., p. 36.
(10)De Fiores, A., Art, Charité, in Dictionnaire de la vie spirituelle, Paris, Cerf, 1983, pp. 134-135. Voir aussi JN 49.
(11)Ibid, p. 135. Voir aussi JN 13, 14 ; MT 25, 31-36.
(12)Westphal, A., op. cit., p. 45.
(13)Benoît XVI, op.cit., pp. 50-51.

Saint-Paul et Lucien-Marie de Saint Joseph nous informent que le vrai modèle de la charité chrétienne demeure en Jésus-Christ : voici dans la partie qui suit ce que le chrétien doit être. La charité ne fanfaronne pas, ne se regorge pas, elle ne fait rien d'inconvenant, ne cherche pas son intérêt, ne s'irrite pas, ne tient pas compte du mal. Elle excuse tout, croit tout, espère tout, supporte tout, elle est serviable et n'est pas envieuse, ne cherche pas chacun ses propres intérêts, mais plutôt que chacun songe à ceux des autres (14).

Concluons que la charité chrétienne est pour le moment universelle parce que Dieu de Jésus-Christ nous aime tous et dans son amour paternel, il nous fait un en lui. Soyez tous frères, Jésus abolit pour toujours les limites d'un amour pour le Prochain restreint aux seuls compatriotes, membres par le sang, par l'alliance et par le lien d'amitié. Il nous oriente vers ceux qui sont dans le besoin.

2.2. Le chrétien va aimer son ennemi

Signalons que l'interprétation du terme ennemi dépend de chaque société et nous pouvons être prudents pour sa généralisation, par exemple : ce qui est déclaré ennemi dans une famille en France n'est pas un ennemi à une famille au Congo. Qu'entendons-nous par le terme ennemi ? Le mot ennemi peut être défini comme celui qui veut du mal à quelqu'un, ou au groupe, celui qui est dans le cas opposé, un concurrent, un rival, un adversaire, un antagoniste, quelqu'un qui est décidé à nuire à l'autre, qui a juré d'agir sans répit contre quelqu'un, ce qui est par sa nature contraire ou hostile à une personne ou au groupe. Qui fait preuve d'hostilité, de haine, frères ennemis etc...

---

(14)Lucien-Marie de Saint Joseph, Art, Le Christ manifeste le mystère de gratuité de l'amour de Dieu, in Comme je vous ai aimé, Paris, Desclée, 1966, p. 121. Voir aussi I Cor 13, 1-15.

Pour les Mongo, tout ce qui vient de loin ou de près pour anéantir, réduire, affaiblir, semer le trouble, faire la guerre, envoûter, ensorceler etc... est considéré comme étant les actes nuisibles qui ne favorisent pas les bonnes relations entre les individus, les familles, les groupes etc... et sont catégoriquement rejetés. Dans l'univers des Mongo, l'ennemi ou les ennemis sont absolument dégoûtés. Mais soulignons aussi avec force que le sorcier, le jeteur de sorts sont les ennemis les plus remarqués dans cette société.

Sans oublier que quiconque vient de loin ou de près pour attaquer, faire la guerre à un individu ou à un membre de la parenté par le lien du sang, par les membres par l'alliance et par membre par le lien d'amitié est automatiquement ennemi juré des Mongo. Autres ennemis des Mongo si un membre de la famille ou du clan a été tué par le talisman de X. ou Y. La malédiction, la médisance, la dépréciation etc... sont aussi la source d'ennemis entre les individus ou les groupes. L'envoûtement et la sorcellerie sont aussi la source d'ennemis entre individus ou famille. Retenons que dans la société Mongo, on rencontre deux sortes d'ennemis : l'un visible, le sorcier et les jeteurs de sorts et l'autre invisible : ce sont les personnes qui vivent avec nous et dont nous ne savons pas ce qu'ils font. Ils sont très dangereux, parce que leurs activités se manifestent en coulisse. Il n'y a que le talisman qu'on appelle : Inina qui dévoile le nom ou les noms de celui ou de ceux qui ont participé à la réunion pour tuer celui-là. Dans l'histoire de ce peuple, ce talisman a tué beaucoup de gens. Signalons que certaines familles interdisent à leurs enfants de fréquenter les milieux de leurs ennemis. Il en est de même pour le mariage. Ce dernier ne peut pas se réaliser entre les familles ou les groupes qui sont des ennemis. Insistons que tout ce que nous avons décrit plus haut chez les Mongo est inacceptable, ici, la charité n'a pas de place de la manière que nous avons analysée ci-dessus. Affirmons que les Mongo ne sont pas différents des juifs : Tu aimeras ton prochain et haïras ton ennemi. Les Mongo disent que Aimer ton ennemi est impossible. Répétons-nous, on ne peut pas aimer l'ennemi, au contraire, il faut le combattre à tout prix. Et ajoutons que le pardon dans ce cas est une faiblesse et toute intervention de la réconciliation est admissible.

Contrairement à ce qui vient d'être dit plus-haut, la morale chrétienne propose au peuple Mongo une nouveauté, désormais tout converti Mongo doit complètement changer sa vie. Ici le modèle de la vie trouve sa source en la personne de Jésus-Christ. L'Evangile de Matthieu dit ceci : Aux hommes cela est impossible, mais à Dieu tout est possible en d'autres mots, ce que les hommes trouvent impossible est possible à Dieu (15).

Westphal, A., témoigne que Jésus aime, console, pardonne, guérit, il se penche sur toutes les détresses et toutes les misères : il arrache les hommes à la puissance du péché qui les asservit. Luc ajoute que le Fils de l'homme est venu chercher et sauver ce qui était perdu (16).

L'auteur poursuit : L'amour de Dieu pour nous ne suppose pas la réciprocité comme dans les relations humaines.

C'est Dieu qui a l'initiative, c'est lui qui aime et qui fait naître en nous l'amour. L'amour chrétien se fonde dans son inspiration religieuse. Avant de se tourner vers les hommes, il s'oriente vers Dieu en qui il trouve sa cause et sa fin. Vous avez appris de Dieu à vous aimer les uns les autres. Que celui qui aime Dieu, aime aussi son frère. En dernière analyse que tu aimeras ton Prochain comme toi-même est présenté comme le résumé et l'accomplissement de la loi (17).

On remarquera que le chrétien acquiert un sens nouveau, le sens pour lequel Dieu a donné son Fils qui est mort sur la croix. Il voit désormais les hommes non pas seulement tels qu'ils sont avec leurs défauts, leurs péchés mais tels que Dieu les aime. Saint Paul ajoute que la charité excuse tout, elle supporte tout, etc... (18).

---

(15) MT 19, 26 Voir aussi MAC 10, 27 ; Luc 18, 27 ; 1, 37.
(16) Westphal, A., op. cit. , p. 45. Voir aussi LC 15, 10.
(17) Westphal, A., op. cit, p. 45. Voir aussi Rom 13, 10; I Thes 49.
(18) Ibid, p. 46.

Quant à De Fiores, A., il résume l'essentiel de la vie de charité dans un amour qui s'inspire de celui du Christ, mort pour nous. Cet amour s'étend aux ennemis puisqu'il s'enracine dans l'amour que Dieu a manifesté pour nous qui étions ses ennemis. Le don d'amour de Dieu le Père en Jésus mort et ressuscité pour nous, dépasse et accomplit tous les dons précédents et constitue l'unique salut, unique chemin pour une vie de communion avec Dieu. Saint Paul, cité par De Fiores, met l'accent sur la charité qui consiste à ne faire aucun mal au Prochain (19).

Lucien-Marie de Saint Joseph, pour sa part, déclare que nous devons aussi aimer le Prochain gratuitement jusqu'à donner notre vie pour lui. Le sermon sur la montagne est l'inauguration de la nouvelle manière d'aimer. Aimer ceux qui nous aiment ne constitue rien de bien probant, dans le domaine de l'amour. Mais aimer ceux qui ne nous aiment pas, ceux-là mêmes qui nous détestent, c'est aimer gratuitement comme nous aimons notre Père (20). Pour Pedotti, C., l'amour qui peut exister pour le moment chez les Mongo doit venir de Dieu. Aimons-nous les uns, les autres, car l'amour vient de Dieu et quiconque aime est né de Dieu et parvient à la connaissance de Dieu. Qui n'aime pas n'a pas découvert Dieu. Puisque Dieu est amour, voici comment s'est manifesté l'amour de Dieu au milieu de nous : Dieu a envoyé son Fils unique dans le monde, afin que nous vivions par lui. Ce n'est pas nous qui avons aimé Dieu. C'est lui qui nous a aimé et qui a envoyé son Fils en victime expiatoire de péchés pour nos péchés. Si Dieu nous a aimé ainsi, nous devons aussi nous aimer les uns les autres. Si nous nous aimons les uns, les autres, Dieu demeure en nous et son amour en nous est accompli (21)

---

(19) De Fiores, A., op. cit., p. 136. Voir aussi Rom 13, 10.
(20) Lucien-Marie de Joseph, op. cit., p. 76.
(21) Pedotti, C. et alii, Encyclopédie pour les enfants, Théo, Paris, Fayard, 1989, p. 276.

Conclusion

Nous nous associons avec Pedotti, C., pour dire que l'Ancien Testament rapporte de nombreux combats de peuple de Dieu contre ses ennemis. La haine et le fait que les hommes cherchent à se nuire entre eux sont des vérités très présentes dans la Bible.

Le Christ lui-même a eu des ennemis. Des gens l'ont haï et condamné à mort. Mais l'attitude du Christ à l'égard de ses ennemis est très spéciale, il déclare en effet, aimez vos ennemis, bénissez ceux qui vous maudissent, faites du bien à ceux qui vous maltraitent et qui vous persécutent. Saint Paul dit dans son épître aux Romains que si ton ennemi a faim, donne lui à manger, s'il a soif, donne lui à boire. Ne te laisse pas vaincre par le mal, mais surmonte le mal par le bien. Et sur la croix, parlant de ses bourreaux, il dit : Père, pardonne-leur, ils ne savent pas ce qu'ils font. Ainsi donc, le Christ ne nie pas l'existence de la haine, mais en réponse à la violence de ses ennemis, il propose son amour, il offre son pardon. Par son attitude, il leur permet de s'ouvrir à l'amour et de se convertir quel que soit leur passé. Ce message du Christ s'adresse pour le moment à tous les chrétiens africains en général et aux chrétiens Mongo en particulier, répétons-nous, quels que soient leurs défauts, ils sont pardonnés.

Remarquons que Saint Paul est l'exemple : d'abord ennemi notoire du Christ et persécuteur des chrétiens, puis touché par l'amour de Dieu, il devient un annonciateur par excellence de l'Evangile (22).

2.3. Cet amour doit se manifester réellement dans notre vie quotidienne

Dans cette section, notre travail démontre que si quelqu'un prétend être chrétien et a confié toute sa vie aux mains de Dieu, que cet homme manifeste sa façon de vivre avec Dieu dans sa famille, son environnement, dans son milieu professionnel etc... Prenons le cas de notre frère en Christ Etienne Laula de Kinshasa/Bandal en RDC. C'est un homme de référence dans l'histoire de l'Eglise du Christ au Congo.

---

(22) Pedotti, C. et alii, op.cit., p. 801. Voir aussi MT 5, 43-44, voir aussi LC 23, 34 et voir aussi Rom 12, 20.

Nous avons connu cet homme en 1985, diacre à l'Eglise du Christ au Congo communauté presbytérienne de Kinshasa, il était haut fonctionnaire à la Soco-Banque, l'actuelle banque extérieure, son bureau était semblable à un bureau de

Pasteur. Ses collègues le nommaient Pasteur suite à son comportement. Etienne Laula aidait quiconque était dans le besoin et ne s'occupait pas seulement des chrétiens protestants, mais sa charité s'étendait à tout le monde.

Dans cette étude, nous mettons l'accent sur le point de vue pratique. Ici, nous proposons le travail comme l'expression de l'amour de Dieu et celui qui est dans le besoin. Pour notre étude, la bonne évangélisation doit s'intéresser à connaître profondément la vie de sa population. Ne restez pas indifférent comme dans le cas de la première évangélisation. Le bilan de cette dernière est négatif. La population de Basankusu en particulier et du Congo en général, leur vie est précaire, malheureuse, elle vit par miracle, on dirait que l'Etat et l'Eglise n'existent pas, personne ne se soucie d'elle. Beaucoup de discours théoriques mais la vie quotidienne de la population est médiocre. C'est pour cela que la majorité de gens quittent nos Eglises missionnaires et vont rejoindre les soit disant Eglises de réveil qui n'ont pas de fondement théologique ni des théologiens formés. Compte tenu de cette situation, nous avons pensé créer trente et une plantations des produits alimentaires sur toute l'étendue du territoire de Basankusu. Notre démarche est de lutter contre la misère, de créer de l'emploi, d'éliminer à tout prix le chômage et de chercher par tous les moyens à améliorer les conditions de vie de la population. Dans la partie qui suit, nous présenterons le programme de nos activités. Il s'agit de la répartition des plantations par le groupement, les plantes qui seront utilisées dans chaque plantation, le recrutement des travailleurs et l'organisation du bureau de la coordination et du bureau local.

La répartition des plantations

Le groupement Lisafa : Celui-ci aura quatre plantations :
-une plantation entre le village Bafoto et Bakungu Lifau de 15 km,
-une plantation à Ikau mission de 15 km,
-une plantation au village Bokombe de 15 km,
-une plantation au village Balondo de 15 km.

Le groupement Bongilima (Bondje) : Bongilima aura deux plantations :
-une plantation au village Ntomba de 15 km,
-une plantation au village Bolena de 15 km.

Le groupement Lilangi I : Ici nous avons trois plantations :
-une plantation au village Bolanda de 15 km,

-une plantation au village Ikanga Y'ikolota de 15 km,
-une plantation au village Bolombo-la-Mengi de 15 km.

Le groupement (23) Bolima II : Il se compose de deux plantations :
-une plantation au village Tokalanganya de 15 km,
-une plantation au village Bombeka II de 15 km.

Le groupement Mondjondjoll : Celui-ci aura deux plantations :
-une plantation au village Lokila de 15 km,
-une plantation au village Loala II de 15 km.

Le groupement Boeke : Boeke comprendra trois plantations :
-deux plantations entre Bokeka et Bomate de 30 km,
-une plantation entre le village Bosaola et le village Lofoma de 15 km.

Le groupement Mondjondjo I :
-une plantation aura lieu entre le village Bokeka et le village Wamba de 15 km.

---

(23)- Le mot groupement est l'équivalent de la commune en France.

 - Le territoire de Basankusu est l'équivalent de la province en France en ……….ce qui concerne sa grandeur, sa superficie.
Le groupement Buya : Celui-ci se compose de quatre plantations :
-une plantation entre village Bofoku et Bolima de 15 km,
-une plantation entre Bolombo et le village Bokolongo de 15 km,
-une plantation entre village Bokolongo et le village Bonyeka de 15 km,
-une plantation au village Loanga Jomposo de 15 km.

Le groupement Nsongo : Nsongo aura quatre plantations :
-une plantation entre centre Basankusu et le village Bolanda de 15 km,
-une plantation au village Bofongi de 15 km,
-une plantation au village Lifumba de 15 km,
-une plantation au village Bomate de 15 km.

Le groupement Boyela :
-une plantation aura lieu au village Boendo de 15 km.

Le groupement de Bolima I :
-Ici, une plantation aura lieu au village Boendo de 15 km.

Le groupement Lifumba :
-une plantation aura lieu au village Inganda de 15 km.

Le groupement Ekoto :
-Ici, une plantation existera au village Buya de 15 km.

Le groupement Lifumba Bonamba :
-L'ouverture d'une plantation au village Bokala de 15 km.

Le groupement Lilangi II :
-une plantation aura lieu au village Lotoko de 15 km.

Le groupement Ekombe :
-une plantation aura lieu au village Ifomi Lokokoloko de 15 km.

Le groupement Ntomba :
-une plantation sera implantée au village Likundanjoku de 15 km.
Les plantes ci-dessous seront utilisées dans toutes les plantations. Il s'agit de :

Le manioc	Les légumes	L'aubergine
La banane	Le maïs	La papaye
L'igname	Le haricot	La canne à sucre
La patate douce	Le poireau	L'ananas
La courge	Le piment	Le safou

Dans chaque plantation, nous aurons un bureau et ce dernier dépendra du bureau de la coordination à Basankusu. Le bureau local jouera le rôle de recrutement des travailleurs en collaboration avec les membres du bureau de la coordination. Les membres de ce dernier seront là pour aider les membres du bureau local. Nous recrutons trente personnes, hommes et femmes dans chaque plantation : vingt personnes seront chargées de cultiver la terre et les dix autres seront affectées à la surveillance de la plantation. Le bureau de la coordination au centre à Basankusu sera composé de trente et un membres qui représenteront leurs plantations respectives, mais ils sont automatiquement membres du conseil d'administration du groupe. Le rôle que jouera le bureau de la coordination est de contrôler toutes les activités des plantations telles que : le contrat du travail, le payement des salaires des travailleurs, les aides accordées à ceux qui sont dans le besoin etc...

La devise de notre groupe est : Aimer Dieu et Aimer celui qui est dans le besoin. Cet amour doit s'exprimer dans nos actes et non plus dans des discours théoriques d'hier. Que personne ne vienne plus nous distraire, nous déclarons avec fermeté que tout homme créé à l'image de Dieu, qui choisira sa résidence permanente ou temporaire à Basankusu, qui se trouvera en difficulté quelconque, notre groupe, c'est-à-dire le bureau de la coordination le prendra en charge. Le résultat de notre travail en créant les trente et une plantations alimentaires dans le territoire de Basankusu n'est pas d'enrichir un individu ou un groupe, mais d'améliorer la manière de vivre de cette population dans tous les niveaux de sa vie politique, économique et sociale.

Notre démarche est de lutter contre les situations suivantes : la souffrance, la misère, la douleur, le tiraillement, l'enfer, la pauvreté, le malheur, les tracasseries, le désespoir, la désolation etc... Ce genre de choses doit à tout prix disparaître dans cette partie du Congo.

Les membres du bureau de la coordination sillonneront à tout moment toute l'étendue du territoire pour observer concrètement la manière de vivre de la population, ils resteront à l'écoute de ces gens-là. Ils peuvent donner des conseils dans certaines situations et interviennent immédiatement dans le cas de maladie ou d'accident etc...

Le résultat du travail de plantations poursuit le but suivant : prendre en charge le minerval de tous les enfants qui fréquentent l'école primaire et secondaire, implanter un dispensaire dans chaque plantation, ouvrir une pharmacie, installer l'électricité et de l'eau sur toute l'étendue du territoire, créer un office de route, créer un office de logement moderne où il y a l'électricité et la toilette dedans, créer une société de transport en commun, créer une école supérieure à Basankusu, créer les cours du soir de tout âge, créer des bibliothèques, centres de documentations sur toute l'étendue du territoire, créer des revues scientifiques, des journaux quotidiens, service des archives et un musée du territoire de Basankusu. Ouvrir un magasin dans la plantation, créer un marché dans la plantation, ce marché fonctionnera tous les jours, son rôle sera de vendre nos produits. D'autres marchés seront organisés : par exemple : entre les deux groupements une fois par semaine, un marché pour tous les groupements au centre de Basankusu, deux fois par mois, un marché pour la communauté internationale, une fois par mois. Chaque plantation doit ouvrir un bureau de poste où il y aura des services suivants : le courrier, le téléphone, le fax, le télégramme etc...

Une autre question importante est la création d'un bureau de diffusion et d'information de toutes les activités des plantations au centre de Basankusu, en d'autres mots, un des services du bureau de coordination.

CONCLUSION GENERALE

La question fondamentale de la théologie chrétienne en Afrique en général et chez les Mongo en particulier était la mission civilisatrice et non l'annonce de l'Evangile telle que proposée par l'Evangile de MT 28, 19. Cette morale était essentiellement au service de la colonisation et n'a pas répondu à la vraie mission universelle de l'Eglise. Son enseignement était centré sur l'idéologie de l'occupant. Son message central était : souffrir ici-bas et notre salut est réservé dans l'au-delà.

Elle a imposé aux Africains ou aux Mongo l'éducation chrétienne du Nord sans tenir compte de son langage et a ignoré complètement leur culture. Répétons-nous, cette morale exotique est critiquée et rejetée aujourd'hui par la majorité des Africains ou des Mongo. A notre temps, la rupture est nette : « évitons trop des discours théoriques ».

Démarrons à partir d'un projet concret semblable à celui que nous avons proposé plus haut. Retenons que le but de deux morales est différent, l'un était au service de l'occupant et n'avait pas l'intention d'implanter une véritable Eglise chrétienne en Afrique ou chez les Mongo. Son héritage aujourd'hui est précaire et a donné naissance à une morale chrétienne d'acculturation ; par acculturation, nous entendons une morale chrétienne de syncrétisme de mélange entre la morale africaine et celle venue d'ailleurs.

Ici, la vie chrétienne des Africains ou des Mongo n'est plus authentique. Prenons par exemple le cas du mariage polygamique : en Afrique ou chez les Mongo, les chrétiens polygames sont expulsés de l'Eglise, cette situation est pénible en Afrique. (Ici, Dieu quant à lui préconise le mariage unique, et rejette l'homosexualité sous quelque forme que ce soit . Il est donc normal que tout ne soit pas autorisé !)
L'autre morale préconise la nouvelle méthode de témoigner Jésus-Christ en Afrique, ici, le respect de la dignité humaine occupe la première place, le respect de la culture locale, tout héritage que les ancêtres nous ont légué.

La présente étude insiste que dans notre époque, la théologie chrétienne cherchera à tout prix les biens de ses membres, et non de soi-même, de sa famille ou de ses amis comme le cas d'hier et d'aujourd'hui. Le prêtre se mettra au service de sa population, s'il a le moyen, il peut créer une ou plusieurs entreprises de la même manière que nous l'avons fait : Répétons-le, nous avons créé trente et une plantations dans le territoire de Basankusu, voilà l'exemple à suivre. Le prêtre ou pasteur de la nouvelle évangélisation créera des nouvelles relations au niveau régional, national et international. Cette démarche lui permettra d'avoir une ouverture dans le monde qui peut lui faciliter de trouver du travail, des bourses d'études et d'obtenir des crédits dans des banques pour ses membres etc...

Les représentants de la morale chrétienne de notre temps doivent suivre attentivement la situation politique, économique et sociale de sa population. Ils peuvent intervenir dans le cas de désordre du pouvoir public. Le prêtre ou le pasteur demeure le conseiller spirituel de tout le monde, sans distinction aucune. Il ne peut pas se permettre de travailler en faveur d'une autorité politique. Il doit à tout prix protéger la population contre les influences extérieures. Pour le moment, la situation politique en Afrique en général et au Congo en particulier est très médiocre. L'être humain n'est pas respecté, certains prêtres ou pasteurs sont corrompus, l'amour de Dieu et du Prochain ne se manifeste pas. Beaucoup de gens travaillent pour leur propre intérêt etc...

Le prêtre actuel travaillera au-dessus de ce que nous venons de décrire. Il prendra l'homme dans sa totalité, il s'occupera de lui soigneusement et cherchera à tout prix à résoudre ses problèmes avec amour qui vient de Dieu et non celui de l'homme. La préoccupation du prêtre sera de créer un projet solide qui sera utile pour la génération d'aujourd'hui et celle de demain et prendra en charge un individu ou un groupe qui se trouvera en difficulté dans le territoire de Basankusu.

BIBLIOGRAPHIE

(1) Aicher, A., Art, Amour, in Dictionnaire de Théologie, Paris, Cerf, 1988.

(2) Anonyme, Art, RDC, in Chiffres du monde, Encyclopaedia Universalis, France, Encyclopaedia Universalis, 2007.

(3) Benoît, XVI, Dieu est amour, France, Cerf, 2000, pp. 37-40.

(4) Bolamba, A.R., Vie, coutume est mœurs des Mongo de l'Equateur, in Voix du Congolais, n° 146, 148, 150, 151, 152 et 153, 1958.

(5) Bongango, J., L'Organisation sociale chez les Mongo de Basankusu et sa transformation, Paris, Publibook, 2008.

(6) Boyaka Inkomo, La rencontre du Mongo avec le christianisme et la place qu'il occupe parmi ce peuple, thèse de doctorat en sciences religieuses, Faculté de théologie protestante de l'Université des sciences humaines de Strasbourg, France, 1984.

(7) De Fiores, A., Art, Charité, in Dictionnaire de la vie spirituelle, Paris, Cerf, 1983.

(8) de Saint Joseph, L.M., Art, Le Christ manifeste le mystère de gratuité de l'amour de Dieu, in Comme je vous ai aimé, Paris, Desclée de Brower, 1966.

(9) Esol'Eka Likote, Echec à la double de la mort : ... de filiation stratégique matrimoniale chez les Ntomba septentrionaux. Thèse présentée pour l'obtention du grade de docteur en sciences sociales, Bruxelles, Université libre de Bruxelles, 1986.

(10) Hulstaert, G., Art, Valeurs culturelles, in Aequatoria, XIV, 4, Congo-Belge, 1952.

(11) Léon-Dufour, X., Amour, in Vocabulaire de théologie Biblique, Paris, Cerf, 1962.

(12) Nyggren, A., Eros et Agapé, Paris, Du Hier, 1944.

(13) Pedotti, C. et alii, Encyclopédie pour les enfants, Théo, Paris, Fayard, 1989.

(14) Van der Kerken, G., Ethnie Mongo, Bruxelles, Librairie Falk fils, 1944 (livre 1).

(15) Westphal, A., Art, Amour, in Dictionnaire Encyclopédie de la Bible, Paris, Je sers, 1932.

(16) Bongango, J., Art, L'évangélisation, in L'Etude des Interdits chez les Mongo : la rencontre entre l'Ethique Bantu et la morale chrétienne, Paris, Publibook, 2012.

Table des Matières

CHAPITRE I 3

LE RAPPORT ENTRE LA CONSCIENCE MORALE UNIVERSELLE ET LA CONSCIENCE CHRETIENNE

    INTRODUCTION 4

        Essai de définition 5

        Origines 7

        Synthèse 9

        La conscience morale universelle 9

        La conscience chrétienne 11

        Le rapport entre les deux consciences 12

    CONCLUSION 13

CHAPITRE II 16

LES INTERDITS CHEZ LES MONGO ET LA CONSCIENCE MORALE

    INTRODUCTION 17

        Essai de définition de la notion d'Interdit ou Tabou 18

        Etymologie 18

        Origine des Interdits 20

        Les Interdits chez les Mongo et la conscience morale 28

    CONCLUSION 29

CHAPITRE III 37

L'INTERPRETATION DE L'AMOUR DU PROCHAIN CHEZ LES MONGO

    INTRODUCTION 38

        Présentation du sujet 38

CONCLUSION GENERALE 58

Oui, je veux morebooks!

i want morebooks!

Buy your books fast and straightforward online - at one of world's fastest growing online book stores! Environmentally sound due to Print-on-Demand technologies.

Buy your books online at
www.get-morebooks.com

Achetez vos livres en ligne, vite et bien, sur l'une des librairies en ligne les plus performantes au monde!
En protégeant nos ressources et notre environnement grâce à l'impression à la demande.

La librairie en ligne pour acheter plus vite
www.morebooks.fr

VDM Verlagsservicegesellschaft mbH
Heinrich-Böcking-Str. 6-8   Telefon: +49 681 3720 174   info@vdm-vsg.de
D - 66121 Saarbrücken   Telefax: +49 681 3720 1749   www.vdm-vsg.de

www.ingramcontent.com/pod-product-compliance
Lightning Source LLC
Chambersburg PA
CBHW031226170426
43191CB00030B/295